普天之下・盡是好書

普天出版家族
Popular Press Family

凌雲文創
A-Plus Creative Company

活用智慧，才能為自己創造更多機會

孫子兵法

王照【編著】

厚黑筆記

人性試煉篇

《戰爭論》作者克勞塞維茨曾說：「**任何一次出其不意的攻擊，都是以詭詐為基礎。**」的確，活用智慧，才能為自己創造更多機會，想在人性戰場上克敵制勝，「**詭詐**」絕對是你必須具備的人性潛技巧。

《孫子兵法》也強調「**出奇制勝**」，因為與競爭對手正面衝突，必然會造成自己的損傷，必須根據不同的情勢靈活運用智謀，出其不意、攻其不備，才能為自己創造更多機會，以最小的代價獲取最大的利益。

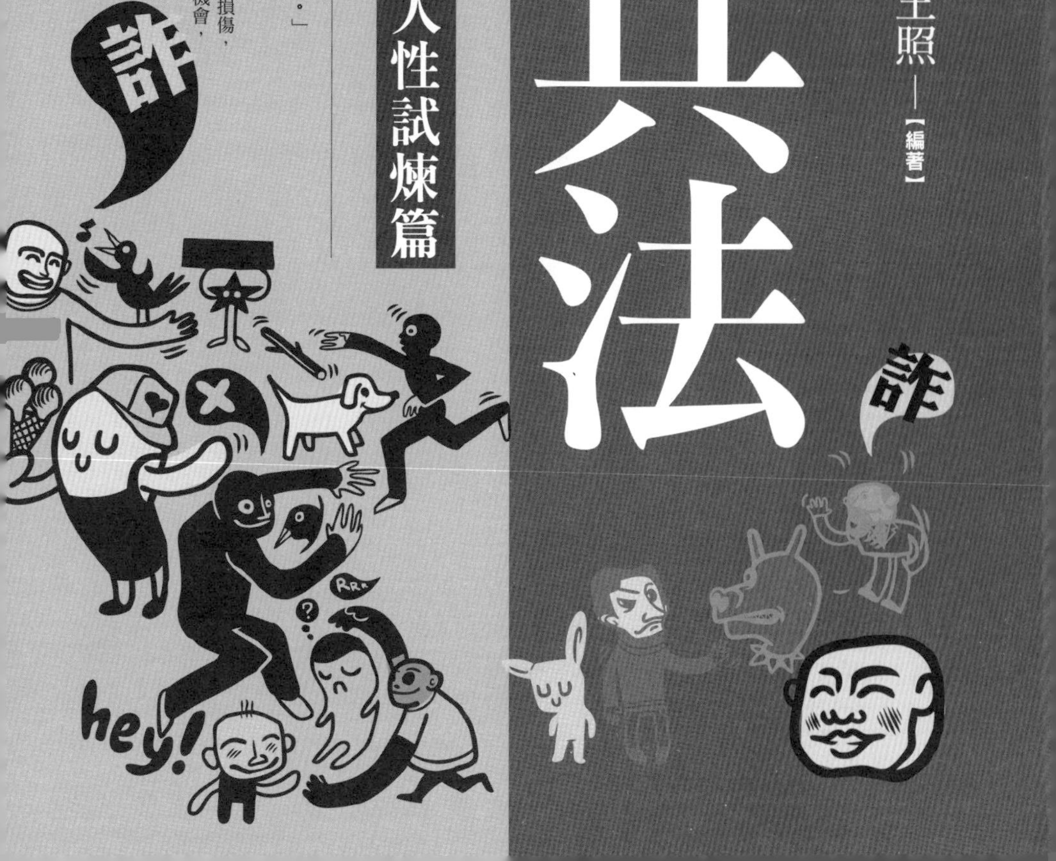

【出版序】

你不能不知道的人性厚黑兵法

•王照

《孫子兵法》強調：聰明的人在考慮問題、制定謀略的時候，一定要兼顧利與害。既要充分考慮到對自己有利的方面，同時也要考慮到不利的一面。

亞里斯多德曾說：「人在最完美的時候，似乎是動物中的佼佼者，但是，當他為了一己之私的時候，便是動物中最差勁的東西。」

確實如此，想在競爭激烈的現實社會存活，想在人性戰場上克敵制勝，必須懂得一些爲人處世的厚黑手法，才不會老是淪爲被人坑騙、欺詐的對象。不管做什麼事，一定要動動腦子多想想。如果你不願花點心思，還自以爲耿直、坦蕩，非但無法順利達成目的，還會惹來各種意想不到的麻煩。

殊不見，古今中外你我耳熟能詳的成功人士，哪一個人的臉皮不是比牆壁還要厚，哪一個人的心肝不是比黑炭還要黑，但是，他們卻都能獲得你我連做夢都夢不到的成功。

做人必須講究手腕，不可以過於直接，不知有所保留的人，往往會造成他人的困擾或讓自己受傷。

至於做事，則不能意情用事，因爲激情萌生的古怪念頭，稍稍過量便會使判斷力出問題，使自己因爲失控，做出幼稚、膚淺的事。

意氣用事大多不會有好結果，要做到不管是大順之時還是大逆之際，都不會讓別人摸清自己的思緒和情緒。

從西元一六〇三年到一八六七年，長達二百六十五年，是日本「德川幕府」掌控政權的時代，「德川幕府」的開創者德川家康的一生充滿了傳奇性與戲劇性，堪稱是日本的厚黑教祖。

德川家康的性格是在十三、四歲時奠定的。那時他就下定決心要滅掉織田家，繼而奪取天下大權。爲了實現這個願望，他處處表現得謙虛與服從，讓別人以爲他是個沒有野心的人，甚至爲了取信織田信長而殺掉自己的妻子。

德川家康的作風，贏得織田信長的信任。像他這種後台不強硬的家族，以服從二字作爲自己的政策，是最明智之舉，德川家康一直都堅守這項原則，即使後來他成爲日本第二大勢力集團，對於支配他的人——豐臣秀吉，仍然表現得像綿羊一般溫馴，像狗一般忠實。

可是，等到豐臣秀吉一死，他就搖身一變，成了一個詭譎多詐的政客。德川家康以服從爲手段，藉此取得別人的信任，這種僞裝的功力竟維持了五十年之久，實在令人感到不可思議。

一個人若是太過老實，往往就會被認爲不具威脅性。德川家康一直假裝老實，所以織田信長誤認爲他很好利用，無論什麼事都支使德川家康去做。然而，當時另一位名將武田信玄卻戒心大起，並告訴他的部下，一個人看似膽小老實的人必定隱藏著自己的智慧和實力，對任何一件事都會預先做好周密的計劃與防備。

德川家康有一項別人沒有的特殊本領，就是縱使心情起伏如何劇烈，也絕不會輕易地流露出來，從未隨意向部屬們動怒、懲罰。

他面對極端厭惡的人，能把嫌惡之情深深隱藏起來，與對方見面時，仍然裝出十分親善的表情，禮貌且誠摯地問候對方。

德川家康覺得爽快的性格太過於膚淺，奸詐、狡猾、多變的個性才會讓人傾迷。他認爲，一個人心裡的眞正感受一定要加以掩飾，否則自己的心意豈不全被對方猜透了？

老實與怯懦只是德川家康的僞裝，事實上，他的腦筋靈活，反應快速，只是從不表現出來，藉以讓人失去防備。

莎士比亞曾經寫道：「雖然我不想有意詐騙世人，可是為了防止自己被人出賣，我必須學習並且活用這套手段。」

活在這個紛紛擾擾的時代，人與人之間充滿著爭執、衝突、競爭、交戰，就算你不惹人，別人也會來惹你，就算你不礙事，事情也會自動來礙你，甚至來得莫名其妙，躲都躲不掉！人際應對就像一把雙面刃，做人做事的各項技巧掌握得好，不愁做事得不到成效；掌握得不好，則必定難逃腹背受敵、遭人算計的下場。

活在這個腦力競賽的社會，想要出人頭地，就必須具備一些做人做事應有的心機，學會一些爲人處世的厚黑手法。

《孫子兵法》強調：聰明的人在考慮問題、制定謀略的時候，一定要兼顧利與害。既要充分考慮到對自己有利的方面，同時也要考慮到不利的一面，保持清醒的頭腦。

聰明而又謹慎的人總是能夠保持自我控制的能力，絕不會輕易受到情緒的制約。從德川家康的處世謀略與後來的際遇不難知道，做人做事若總是意氣用事，只想逞一時之快在嘴上討便宜，喜怒外形於色，實是人生最大的忌諱，這樣的人根本成就不了大事。

• 本書是《孫子兵法厚黑筆記：人性博弈篇》全新修訂版，謹此說明

出版序 你不能不知道的人性厚黑兵法

01. 處處露鋒芒，容易自取滅亡

嶄露鋒芒雖然是正常的行為，但應該認清形勢，把自己的位置擺對才能自我保護，心直口快往往會陷自己於不利之地。

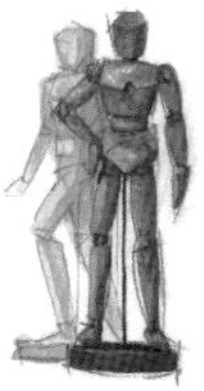

02. 欺騙對手也是一種有效手段

不管是什麼形式的角力，只要能靈活而生動地體會和運用這些攻守法則，你就能成為最後勝出的人。

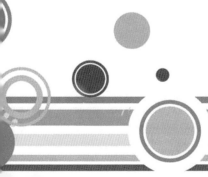

03. 注意，敵人的刀槍不長眼睛

敵人的刀槍、流箭不長眼睛，領導者應視情況、環境適時進行調整，如果一味僵化不知變通，恐怕只有失敗的分了。

04.

越狡猾，越能成為大贏家

一提起耍花招，人們會自然想到商場老手，因為只有他們最為老謀深算，耍出來的花招五彩繽紛，叫人眼花撩亂，捉摸不定，對手就在不知不覺中落入圈套。

05.

愛現，就讓他丟人現眼

藉著巧設難題抑制對方的傲氣，設下的難題一定要是對方無法回答的，才能揭示對方的無知，挫弱他的傲氣。

06.

有時候不妨「騙騙」自己

做人的最高技巧是在適當的時候「騙騙」自己，凡事多往好的方面想，遭遇困難的時候才能激發自己的潛力，從容面對。

07. 如何防範身邊的小人

善於掌握壞人的行為軌跡，學會掌控惡人，馴服他、操縱他和防止被他陷害，這才是對付惡人的最高境界。

08.

如何看懂別人的行為語言？

人是世界上最複雜的動物，要想從外表的言行對一個人獲得真正的瞭解，是一門艱深的學問。

09. 先釜底抽薪，再趁火打劫

找到與對方利益緊密相連的另一方，使出釜底抽薪的手段，設法造成威脅對方的態勢，使談判產生轉機，然後再趁火打劫，使對方屈服於自己提出的條件。

10. 成為搶到蘋果的強者

高明的領導者，不僅在工作上為部下創造機會，同時還在工作時間外下功夫，抓住這些看似平常的機會，為自己出人頭地鋪道路。

01

處處露鋒芒，容易自取滅亡

嶄露鋒芒雖然是正常的行為，
但應該認清形勢，
把自己的位置擺對才能自我保護，
心直口快往往會陷自己於不利之地。

面對高傲的姿態要能忍耐

採取寬容忍讓的態度，對那些高傲姿態「視而不見」，那麼對方的傲氣就不會是共事的障礙了。

《孫子兵法．火攻篇》說：「合於利而動，不合於利而止。怒可以復喜，慍可以復悅，亡國不可以復存，死者不可以復生。」

這段話強調，聰明的領導者不能根據自己的心情意氣用事，用人之時也不能讓本身的好惡左右，一切以符合最高利益爲準則。因爲，惱怒之後可以轉怒爲喜，怨恨之後也可以轉恨爲悅，但團體滅亡了就沒有東山再起的可能了。

高傲的人往往目空一切、盛氣凌人、語言尖刻，或對人不屑一顧、冷落刁難，或強加於人、支配一切，聽不得半點不同的意見，總是讓人下不了台。

正因爲如此，有些人對高傲者採取迴避、排拒的態度，不願與之交往。更有人會用針鋒相對的態度面對對方：「你自視甚高，我比你更高」、「你目中無人，我也不理睬你」。

其實，這兩種態度均非上策。

高傲的人雖然難相處，但也不是絕對不能好好地相處，問題的關鍵在於你採取什麼態度應對，以哪種方式與他打交道。只要肯動一點腦筋，想一點辦法，高傲的人同樣可以被你征服，被你牽著鼻子走。

初次與高傲的人接觸時，首先要有碰一鼻子灰的心理準備，被潑冷水也不要動怒生氣，更不要灰心喪氣。臉皮應該厚一點，要禁得起刺激。要以忍讓、堅韌的精神和對方周旋，才能爲戰勝對手奠定基礎。

其次，要樹立強烈的自信心和必勝的信念，從心理成爲強者。如果一見到高傲的人就開始退縮，那麼，你已經在心理上打了敗仗，毫無取勝的希望。

再者，要把勝負的目標定在交際的最後結果上，不要過分計較對方的態度、語氣、用詞，一切都要以取得勝利爲最終目的。

只要有了上述的心理準備，當你面對高傲者的冷漠尖刻時，就能夠寬容的忍讓態度應對，並說服自己：「他的傲氣並不是針對某一個人，這是他的個性，不必和他一般見識。」這樣就會使自己避免心理失衡，心生厭惡的感覺，並且以從容的態度與他交往。

這種想法會使你不去在意對方不友好的態度，能夠放下不滿的情緒，使自己處於優勢地位，最後達到自己想要的目的。

有些高傲的人往往外表倨傲，教人難以接近，但在工作上態度極爲認眞負責，如果只看表面態度就與他斤斤計較，只會因小失大。

學會採取寬容忍讓的態度和方法，對那些高傲姿態「視而不見」，交流往來以達到目的爲主，那麼對方的傲氣就不會是交往、共事的障礙了。

用讚美替自己製造機會

讚美不過是使高傲的人改變態度的手段，只是交際的序幕。如果一味讚美，不及時轉入正題，那就失去了讚美的意義。

《孫子兵法．軍形篇》說：「古之所謂善戰者，勝於易勝者也；故善戰者之勝也，無智名，無勇功。」

意思是說，善於作戰的人，總是能夠運用計謀，抓住敵人的弱點發動攻勢，用不著大費周章就可輕而易舉地取勝。確實如此，善於心理作戰的人，總是會運用一些我們忽略的方法，讓自己獲得想要的好處。

有些高傲的人往往有一技之長，有恃才傲物的本錢。這些人最瞧不起不學無術之輩，對於有眞才實學、能力在他之上的人，則會像遇到知音似地格外尊重，給以禮遇。

因此，對於這種重才的人，要想博得他們的青睞，莫過於恰到好處地在他們面前展示自己的才華，引起他們的重視，使他們認爲你不是等閒之輩、無能之人，這時再與他們打交道就會變得容易許多。

高傲的人多半看重自我形象，對自我的評價較高。與他們打交道的時候，不妨採取投其所好的方式，對他們的成就、學識、才能等加以讚美，滿足他們的榮譽心、自尊心，這樣就可以從心理上縮短彼此的距離，同時左右他們的態度。

有位生性高傲的經理，一般不熟的人很難親近他，他的生硬與冷漠常使人望而卻步。

有位剛調到他部門的組長聽說他的脾氣很硬，一見面就微笑著恭維說：「經理，我一進門就有人告訴我，經理是個耿直爽快的人，有領導能力又富有同情心，特別是對外地人格外關照。我一聽，高興極了，能遇到這樣的主管，運氣真好！」

這幾句開場白，讓這位冷面經理臉上立刻露出一絲笑容，接下去談正事果然大見成效。

這位組長的成功便在於開頭的那幾句恭維話，使對方的自尊心得到滿足，不好意思冷漠對待一個恭維、尊敬自己的人了。在這種情況下，自然而然地，高傲的人就會產生維護自我形象的心理，變得和藹可親起來。

不過，當你想使用恭維的方式時，必須注意兩點：

・要實事求是

恭維的內容不是無中生有，而是確有其事，對方才會感到高興。

如果只是一味地胡亂吹捧、猛拍馬屁，清醒的人就會把這種人當成小人，對他更加冷淡。

・要適可而止

讚美不過是使高傲的人改變態度的手段，只是交際的序幕。如果一味讚美，不及時轉入正題，那就失去了讚美的意義。

處處露鋒芒，容易自取滅亡

嶄露鋒芒雖然是正常的行為，但應該認清形勢，把自己的位置擺對才能自我保護，心直口快往往會陷自己於不利之地。

《孫子兵法．謀攻篇》說：「故小敵之堅，大敵之擒也。」

聰明人行事要審時度勢，千萬不可以膨脹自己、鋒芒畢露，要是自己力量薄弱，卻魯莽地和強大的敵人拚殺，不自量力的結果，便是遭到強敵坑殺。

每個人都有自己的時運，要掌握在自己的時運，就要懂得爲人處世的道理，保持冷靜、清醒的頭腦才足以成事。

耐心等待自己時來運轉，絕對不要輕舉妄動。如果時機尚未成熟，就急躁地想要表現自己的能力，只會讓自己陷入麻煩不斷的困境。

美國名將巴頓心中毫無城府，有話就說的個性，不但經常使上司頗為難堪，自己也得罪了不少人，被同事們稱為「和平時期的戰爭販子」。

一九二五年，巴頓到夏威夷的斯科菲爾德軍營擔任師部的一級參謀，一年之後升為三級參謀。

巴頓的工作主要是負責對戰術問題和部隊的訓練提出建議並進行檢查，但卻經常越權行事。一九二六年十一月中旬，他觀看了第二十二旅的演習，對這次演習非常不滿，直接向旅指揮官遞交一份措辭激烈的意見書。

他的這種做法是不合紀律的，因為他只是一名少校，無權指責指揮官。這樣一來，他便惹來上司的非議和怨恨。

但是，心直口快的巴頓並未記取教訓。

一九二七年三月，在觀看了一場營級戰術演習之後，他又一次大動肝火，嚴詞指責營指揮官和其他人員訓練無素、準備不足，導致演習沒有達到預定的目的。

雖然這次他很明智地請師司令部副官代替師長簽了名，但其他軍官心理很清楚，這又是巴頓搞的鬼，所以聯合起來一致聲討巴頓。

眾怒難犯，師長沒有辦法，只好把這位愛放話的參謀從三級參謀的位置上撤下來，降到二級。

巴頓將軍的這段往事說明了，一個人即使是天才，如果絲毫不懂收斂，也很難在社會上立足，而且還有可能會招來厄運。

爲人處世雖然必須坦蕩正直，但是對外的言行要有所保留，否則不足以立足於渾濁的塵世。

做人要深沉厚重，像冰山一樣只露出一角，讓人摸不透你的心思，如此不但自保無虞，而且具有強大的威懾力。

心裡眞正要做的事不要說出口，讓人無法掌握、透視你的所作所爲，才能於詭詐多變的社會中屹立不搖。

聰明人如果想得到尊敬，就不應該讓人看出你有多大的智慧和才華。要讓別人知道你這號人物，但不要讓他們了解你，沒有人看得出你天才的極限，也就沒有人會感到輕蔑。

讓別人猜測你，甚至懷疑你的才能，要比顯示自己的才能更能獲得崇拜。要不斷地培養他人對你的期望，不要一開始就展示你的全部能力，隱藏力量和知識的訣竅是要胸有城府。

當別人侮辱自己的時候，要能穩住自己的情緒，不要覺得自己丟了臉、失了面子，就立刻火冒三丈、惱羞成怒。

抱著「人不犯我，我不犯人；人若犯我，我必犯人」的心理破口大罵，非要把面子爭回來不可，根本無益於自己。面對這種情況時，首先得心平氣和地接受這個事實，日後再想辦法連本帶利討回來。

嶄露鋒芒雖然是正常的行爲，但應該認清形勢，把自己的位置擺對才能自我保護，心直口快往往會陷自己於不利之地。

行事鎮定，才能面對任何處境

我們應該在別人都慌張混亂的時候，仍能鎮定如常、思慮周詳。唯有頭腦清楚的人，才是人們願意委以重任、託付大事的人。

《孫子兵法．九地篇》裡強調：「依九地之變，屈伸之利，人情之理，不可不察。」

在變動不羈的競爭環境中，聰明人必須根據不同的情勢，採取相應的作戰方針，不管伸縮、進退，都應該進行客觀的評估，如此才能獲得勝利。千萬不要錯估形勢，讓自己一敗塗地。

透過許多畫面我們可以看到，冰山在任何情形之下，都不會失去應有的沉穩與平衡，不管海面上狂風吹打得多麼厲害，不管巨浪如何猛烈，它從不會動搖，從不會顯出一絲受震盪的跡象。

這是因為，冰山絕對不只是我們表面上看到的那一部分，還有十分巨大的體積埋在水面之下。

這樣巨大的體積平穩地藏在海洋裡，當然不是驚濤駭浪的威力所能撼搖的。水面下巨大的穩定力，使暴露在水面的一部分冰山不畏任何風浪。

做人也應該像冰山一樣沉穩，在任何環境、任何情形下，都要保持冷靜的頭腦，在其他人失去鎮靜時保持鎮靜，在旁人都在做愚蠢可笑的事時，仍維持正確的判斷。

能夠依照這個原則行事的人，便能像冰山一樣擁有穩定的力量，是一個深沉厚重的人。為了比別人更成功，人必須學會讓自己經常保持在冷靜自制，而且平衡穩重的狀態之中。

在各機關團體中，我們常常會見到某些人各方面的能力或許不及別的職員，但反而會突然升上重要的位置。因爲，領導者在意的並不是這個職員的「才華」，而是看重他頭腦清楚、判斷力正確的特質。精明的領導者知道，企業之所以能夠穩定發展，全繫於員工擁有正確的判斷力和健全的理智。

不管處在何種環境，都必須保持健全的心理狀態，如此，即使跌倒也可以立刻站起來，不至於驚慌失措。

我們應該在別人都慌張混亂的時候，仍能鎮定如常、思慮周詳。因爲，唯有頭腦清楚，能在驚濤駭浪中平穩駕駛船隻的人，才是人們願意委以重任、託付大事的人，也唯有頭腦清楚的人能成就大事。

遇事總是動搖、猶豫、沒有自信的人，臨到難關就傾跌，遇到災害就倒地的人，禁不起任何風雨的考驗，只能在風平浪靜的小湖駕駛扁舟。

行事鎮定，才能面對任何處境。想駕馭自己的命運，需要很高的本領，陷入困境、險境之時，應該保持鎮靜，耐心等待時來運轉。當運氣不佳時，更應該冷靜行動，伺機而作。

不要太早亮出自己的底牌

並非所有真相都能公諸於世。衝動是洩漏秘密的主因，最高明的智慧就是掩飾，亮出自己底牌的人可能會全盤皆輸。

爲人處世應設法保持自己的神秘感，過早亮出自己的底牌，便會讓別人有機會按牌進攻，贏的機會就大爲降低。

不論得意、失意，都得城府深沉，不要讓底牌曝光。

在複雜的人際社會，能夠守口如瓶的人，往往能夠左右逢源，也容易向上竄升，因爲這樣的人是深謀遠慮的。

大公司因爲人多口雜，難免會有爭權奪利、勾心鬥角的事情發生。正因爲有許多人善於鑽營奔走、挑撥離間，每遇公司有人事上升遷調動的機會時，不僅流言滿天飛，同事見面也是言不由衷，彼此尷尬萬分。

何以會有這種情形發生？當然是有人洩漏了人事機密，並且加油添醋，挑撥離間，試圖從中破壞。

如果你是上級賞識的人，遇到升遷的機會時，上司必定會召見你，對你的工作、生活……等垂詢慰勉，此時不管上司是否做出具體的承諾，都一定要守口如瓶，裝得若無其事，不要透露一點口風。能做到這個境界，才是能夠成就大事的人。

日本前首相佐藤榮作就是一個能夠嚴守秘密的人。

當年，他擔任運輸省次官時，吉田藏邀請他出任內閣官房長官。他按照手續向運輸大臣提出辭呈，隻字不提自己被內定為官房長官的事，甚至對自己的妻子也閉口不談。

這種性格深為吉田藏賞識，最後佐藤榮作終於登上首相寶座，成為日本戰後在位最久的首相。

要做到嚴守底牌，最好辦法是以不變應萬變，對於傳言置之不理。若是你的地位重要到能夠引起人們的期待心理，就更該低調行事。

進行重大計劃時更要適時製造煙幕保護自己，不要讓人把你裡裡外外一覽無遺，要小心謹愼不要讓計劃提前曝光。

你要做的事一旦被有心人披露，就很難順利進行，反倒常常招致批評。萬一進度、結果不佳，更易遭到雙倍的壓力。

另外，切記不要向外人抱怨訴苦，喜歡惡意中傷的人總是瞄準你的痛處或弱點。表現出心灰意冷的樣子，只會惹來別人取笑，心懷惡意的傢伙更是想方設法惹你生氣，想盡辦法刺痛你的傷口。

聰明人應當對不懷好意的人置之不理，並且深藏起個人的煩惱或家庭的憂慮，因爲命運的女神最喜歡對準人的痛處下手，所以無論是醜事或好消息，都應深藏不露，以免消息不脛而走，導致即將到手的成功煙消雲散。

吐露眞言需要極高的技巧，並非所有眞相都能公諸於世。衝動是洩漏秘密的主因，最高明的智慧就是掩飾，亮出自己底牌的人可能會全盤皆輸。

適時認錯，會有意想不到的效果

無意中犯了錯誤，只要坦誠認錯，很容易得到別人的諒解，無損自己的威信。相反的，欺上瞞下的做法遲早都會敗露，搞得你狼狽不堪，下不了台。

想成就一番事業，做人必須厚重，有時適時原諒犯了錯誤的人，在最關鍵的時刻，他就有可能變成自己生命中的貴人。

戰國時期的秦穆公，是一個勇於認錯的國君。

有一次，秦穆公的一匹可以日行千里的良駒跑丟了，被一群不知情的窮百姓逮住，並殺掉吃了。

當地官員得知後大驚失色，深怕秦穆公氣憤之餘怪罪到自己頭上，連忙將分食過馬肉的三百人都抓起來，準備統統處死。

秦穆公聽到稟報後卻說：「不能因為一頭牲畜而害死這麼多人。」於是，他將被拘禁的百姓全數釋放，並且誠心向他們致歉，說自己管教不力，才差點讓地方官鑄成處決三百條人命的大禍。

後來，晉國發兵大舉入侵，秦穆公率領軍隊抵抗，這時有三百勇士主動請纓參戰，原來，他們正是被秦穆公釋放的三百壯士。

很多領導者認爲，自己的威信只能立不能挫。

這種想法相當程度誤解了威信的意義，以致於把立威立信誤認爲護短、諉過，一旦自己做錯了事就想盡辦法欺上瞞下，既不虛心認錯、檢討，又不接受別人的批評、建議。

這種領導人的特性是，凡事只能說他好，不能說他壞；只能報喜，不能報憂。然而，這與掩耳盜鈴有什麼區別呢？

古代有個笨賊，因為害怕自己在行竊時主人家中的警鈴會發出響聲，所以想了一個自以為相當絕妙的辦法——把自己的耳朵堵起來，這樣就聽不到鈴聲了。

結果，主人還是抓住了他。

原因就在於，他雖然堵住了自己的耳朵，卻無法堵住別人的耳朵。

在大街上不小心冒犯了別人，只要輕輕說聲對不起，就會皆大歡喜；如果舌頭懶得動一下，就可能演變成一場街頭血戰。

同樣的道理，無意中犯了錯誤，只要坦誠認錯，很容易得到別人的諒解，並能贏得大家的信任，更無損自己的威信，有時還會發揮意想不到的效果。

相反的，那種自作聰明、欺上瞞下的做法遲早都會敗露，而且一旦敗露，即使是很小的事情也會搞得你狼狽不堪，下不了台。這種情形，就是古諺所說的「偷雞不成反蝕米」、「聰明反被聰明誤」。

度量大，成就才會大

一個器量狹小的人，壓根沒有成就大事的空間，唯有懂得容人，方能得到自己想要的結果。

在爾虞我詐的人性叢林中，有些性格很卑劣的人，我們雖然無法與他們相處，但有些時候卻又少不了他們，所以與這種人交流的時候，必須用些巧妙的技巧，和緩彼此的關係，一味迴避、閃躲並不是最好的應對方式。

簡單說，我們既要小心防範他們使出的惡劣手段，也要儘量容忍他們令人不快的地方，如此才能把他們當成自己往上爬的階梯。

就像只有在白紙上印刷了黑字才可能成爲更多人稱道的著作，人生活在社會，非得借重更多人的力量才能成就大事，不適度合作難以過關。因此，如果有一個品性低下的人與你的立場相同，即使你對他的行爲模式頗不以爲然，表面上也應該包容他才對。

有句話說：「無毒不丈夫，量小非君子。」

如果你的頭上跑不了馬，便無法做將軍，如果你的肚子裡撐不開船，便成不了宰相。一個器量狹小的人，壓根沒有成就大事的空間，唯有懂得容人，方能得到自己想要的結果。

人們常常用「百川入海」去形容那些肚量大、能包容種種不同意見、能與各種不同性格的人相處、能夠經受挫折與打擊的人。至於那些鳥肚雞腸、心胸狹隘的人，是讓人瞧不起的藐小人物。

想在現代社會中比別人早一步成功，你就必須臉厚心黑，展現容人的器量，適度與身邊那些小人合作，活用他們的專長。

千萬不要和小人結仇

陰狠歹毒的小人，現實生活中到處都是，常常因為你不知不覺間得罪了他們而懷恨在心，伺機興風作浪將你吞噬。

《孫子兵法．始計篇》說：「利而誘之，亂而取之，實而備之，強而避之。」詭詐是用兵打仗的基本原則。如果敵人貪利，那就用利去引誘他；如果敵營混亂，那就要乘機攻破他；如果敵人力量充實，那就要加倍防範他；如果敵人兵力強大，那就設法避開他。

對付那些令人厭惡的小人更是如此，千萬要小心防範。

唐德宗時期的宰相盧杞是個奸詐陰險的小人。他的祖父是唐玄宗時的丞相盧懷慎，以忠正廉潔著稱，從不以權謀私，深受朝野敬重，他的父親盧奕也是一位忠烈之士。盧杞在平時一副生活簡樸的模樣，穿著很樸素，飲食也不講究，人們都以為他頗有祖風。

但是，盧杞善於揣摩人意，工於心計，而且言行十分恭謹，容易取得別人的信任，正應了「大奸似忠」這句話。盧杞靠著左右逢源的本領，很快就由一個普通官員爬上了丞相的寶座。

盧杞當上丞相之後，與其他奸臣一樣，當務之急就是鞏固自己的權位，想盡辦法打擊異己。

當時，與盧杞同朝為相的楊炎，是個有名的理財能手。楊炎長得上一表人才，而且博學多識，頗有政才。然而，他雖有宰相之才，卻無宰相應有的智慧，尤其是在處理同僚關係上，經常恃才傲物，目中無人，嫉惡如仇。對盧杞這樣的小人，他既不放在眼裡，也缺乏一個政治家應有的圓融和世故。

唐朝有個制度，就是幾位丞相每天要在政事堂一起同餐一次，叫做會食。楊炎因為瞧不起盧杞，多次藉故推辭。每次上朝後都推說自己身體不好，獨自到別處休息，不願與盧杞一起共商國事。如此一來，盧杞對楊炎更是忌恨有加，欲除之而後快，從此二人積怨越來越深。

盧杞深知不但不是科班出身，而且相貌醜陋，不是楊炎的對手，所以只能極盡阿諛奉承之能事，並逐漸取得了唐德宗的信任。

不久，機會終於來到了。節度使梁崇義背叛朝廷，拒不受命。唐德宗便命淮西節度使李希烈帶兵討伐。然而，楊炎不同意重用李希烈，認為此人反覆無常，因此極力諫阻。唐德宗聽了甚是不高興。

李希烈最後還是受命掌握兵權，討伐梁崇義。但當他掌握兵權之後，正好碰上連日陰雨，行軍速度遲緩。

唐德宗是個急性子，就命人傳盧杞上朝商議。盧杞見機會已到，就順勢向皇上進言說道：「李希烈之所以徘徊拖延，只要是因為楊炎掌權，心有疑慮。皇上又何必為一個楊炎而耽誤了大事呢？不如暫時免去楊炎的丞相職位，使李希烈不再心有顧忌，如此一來，他就會竭盡全力為朝廷效力了。事情過後再起用楊炎，相信楊炎會體諒皇上的苦衷。」

唐德宗竟認為盧杞的話有理，聽信了他的話，免去了楊炎的的丞相之職。就這樣，楊炎因為不願與小人同桌就餐，而莫名其妙地丟掉了相位。

但是，事情至此尚不能消解盧杞心中的怨恨。不久，盧杞又進讒言，害死了被貶的楊炎。

盧杞向唐德宗上奏，詭稱楊炎建家廟的地點，正是開元年間宰相蕭嵩準備立廟的地方，當年因為玄宗皇帝曾到此巡遊，看到該處王氣很盛，就讓蕭嵩將家廟改建到別的地方了。如今楊炎又在此處修建家廟，必是居心叵測，想要謀反。盧杞聲稱，近日來，長安城內到處謠言四起，說：「因為此處有帝王之氣，所以楊炎要據為己有，這必定是有當帝王的野心，再明白不過了。」

昏庸的唐德宗聽後，也不問其真假，便勃然大怒下令縊殺楊炎。就這樣，盧杞借皇上之手，幹掉了自己的一個強敵。

像盧杞這樣陰狠歹毒的小人，現實生活中到處都是，常常因爲你不知不覺間得罪了他們而懷恨在心，伺機興風作浪將你吞噬。

因此，應該時時提防這類小人暗中破壞做亂，否則你不僅做不好工作，自己的前途也可能毀在他們的手中。

「不與小人結仇」，這是每個領導者都不能不記取的警世之言，除非你甘願讓自己的前途佈滿坎坷！

沒計劃，不要亂說謊話

說謊是需要計劃的，千萬不要沒計劃就隨便亂說。否則，一旦被拆穿，惹來的麻煩也許會比說實話還要嚴重。

《孫子兵法．始計篇》說：「夫未戰而廟算勝者，得算多也；未戰而廟算不勝者，得算少也。多算勝，少算不勝，而況於無算乎！」

意思是說：不管做任何事，事先都要有周密的計劃和盤算，充分估量利弊得失之後，才有可能取得寶貴的勝利。

即使是說謊、做假，也要事先擬定完善計劃。

有一隻狼，對附近牧場上養的羊垂涎很久了。為了大快朵頤一番，狼終於想出了一個好辦法，那就是把自己裝扮成牧羊人。狼心裡想，這樣一來，牠就可以明目張膽地靠近羊群，也不用怕被別人發現。

狼越想越覺得自己這個計劃天衣無縫，於是，便費盡心機地偷來一套牧羊人的服裝，還找了一根木棍做驅趕羊群的牧杖。為了使自己更像牧羊人，狼甚至連牧羊人為了召喚羊群的笛子都準備好了。

為了讓羊群不會發現牠是狼，狼還努力讓自己站起來，只用後腳走路，用前腳抓著牧杖，再戴上帽子，遠遠一看，簡直就是一個牧羊人，根本看不出是狼改扮的。

狼練習了幾天，覺得一切都沒問題了之後，就開始執行牠的計劃。這一天，狼趁牧羊人睡午覺的時候，躡手躡腳地靠近正在吃草的羊群。羊群們正靜靜的低頭吃草，根本沒有發現靠近牠們的並不是牧羊人，而是一隻狼！

狼看到這個情況，高興得不得了，覺得自己真是聰明，怎麼會想出這麼好的辦法。得意洋洋的狼，看到分散到各處去吃草的羊群，為了把牠們一網打盡，心想最好的方法，就是學牧羊人吆喝，這樣一來，所有的羊就會乖乖的聚集起來了。

狼打定主意，就模仿牧羊人的聲音吆喝了起來。只是狼事先忘記了學會牧羊人的叫聲，這一叫反而暴露出狼的真實身分，因為就算外表裝得出來，但是叫聲依舊還是狼的嚎叫。牧羊人被狼的聲音驚醒，羊兒也因為聽到狼的嚎叫而連忙躲避。

眼看事機敗露的狼，連忙準備逃走，可是因為身上穿著牧羊人的服裝，行動不便，沒跑多遠就被絆倒了。這隻自以為聰明的狼，就這樣不但羊沒有吃到，自己反而被牧羊人吃了。

連小孩子都知道說謊和欺瞞是不好的行爲，可是在現實生活中，說實話或直接表明企圖，可能會給自己帶來更大的麻煩。爲了避免沒必要的阻礙和衝突，對一個領導人而言，適當的謊話是不可或缺的。

不過，既然要說謊，就一定要說得徹底。像故事中的狼，就是因爲假扮牧羊人假扮得不夠徹底，才會導致賠了夫人又折兵的下場。千萬記得，說謊是需要計劃的，千萬不要沒計劃就隨便亂說。否則，一旦被拆穿的時候，惹來的麻煩也許會比說實話還要嚴重。

02

欺騙對手也是一種有效手段

不管是什麼形式的角力，
只要能靈活而生動地
體會和運用這些攻守法則，
你就能成為最後勝出的人。

了解對手，就能打敗對手

要在激烈的商業競爭中力挫群雄，壓倒強手，就必須掌握預測與判斷的法則，不能輕視對方，更不能低估對方的實力與智慧，否則最後遭殃的將會是自己。

眾所周知，《孫子兵法》是一本的智慧結晶，它所包含的思想內涵是相當多元的，不僅是一部兵書，也是一部商戰兵法，更是一部永遠也讀不完的人生哲學，想要成功的人可以從中找出幾個重點加以運用。

在《孫子兵法》中，孫子提到獲勝的重要秘訣是：「知可以戰與不可以戰者勝，識眾寡之用者勝。」

意即，在決戰之前絕不可以憑主觀臆斷來下決策，必須充分瞭解敵方的兵力與糧草是否充分，還有將帥的素質、特性與用兵特點等等，一切絕不可憑空臆測。如果，敵方的整體實力遠遠超過自己，而己方又一時沒有以少勝多的把握和奇策，那麼就必須放棄這場戰爭，以待來日再決勝負。

如果時機成熟了，有機會贏得勝利，那麼便不能手軟，要抓住時機，一舉殲滅對方。

所謂時機成熟，便是要有百分之百的把握，如此才能萬無一失。

這種良機對交戰的雙方而言，可以說是稍縱即逝，如果沒有善加把握，一再蹉跎，就無法取得勝利。

具體地講，要在各種激烈的競爭中力挫群雄，壓倒強手，就必須掌握預測與判斷敵人的法則，不能輕視對方，更不能低估對方的實力與智慧，否則最後遭殃的，將會是自己。

「孔明揮淚斬馬謖」就是一幕血淋淋的例子。

諸葛亮率軍孤注一擲攻打關中，最後卻功敗垂成；在這場曠日持久的戰爭中，街亭要塞一直是咽喉之地，所以，魏國方面集重兵攻打，形勢異常嚴峻。

這時，馬謖主動請纓捍守街亭，並誓言如街亭失守，即請孔明將他正法，還立下了軍令。

自恃熟讀兵書的他，在蜀軍中曾立下很多大功，但他卻犯了輕敵的錯誤，不久，街亭失守，蜀國的北伐大業功虧一簣。

當然，此事孔明也難辭其咎，明知馬謖常犯輕敵之過，卻與他立軍令狀，真是「智者千慮，必有一失」。

這一失最終導致了蜀國的崩潰，最後孔明也只好揮淚斬了馬謖，演出了一幕千秋悲歌。

馬謖之所以失敗，關鍵就在他沒有詳細瞭解敵方的兵力，以及敵方的戰術運用，錯估了敵方的實力，以致敗得一塌塗地，所以爲政者或經商者應該以此爲鑑，不可不察。

學學老狐狸的智慧生存法則

世間到處充滿著虛假與欺詐，要提高的競爭優勢，不僅要知識廣博，更要積累實務經驗，研究各種致勝技巧及謀略，鍛鍊自己的應變能力。

儘管大家都不喜歡自己被認定是工於心計的人，但諷刺的是，想要在現實社會生存，其實只有兩種方式，一種是靠著別人比你愚蠢，另一種是靠著你比別人聰明。

談到心計、厚黑，大家不禁會聯想到寓言故事裡的狐狸，因爲牠狡猾得令獵人難以捕獲，飛禽走獸也經常被牠耍得團團轉。

牠狐假虎威讓自己逃過殺劫；牠看穿了獅子裝病之類的誘殺伎倆，讓獅子恨得牙癢；牠讚美烏鴉的歌唱得好聽，是爲了得到牠嘴里叼著的那塊肉；牠偷東西時收買看門狗，是爲了利用牠來達到目的；牠把大灰狼誘入獵人的陷阱，是爲了減少競爭對手……

一提起耍心機、厚黑，人們也會自然想到現實生活中形形色色的老狐狸，因爲，只有他們老謀深算，爲了達到目的所耍出來的花招五彩繽紛，教人眼花撩亂，捉摸不定，對手就在不知不覺中落入圈套。

他有時扮成老好人，是爲了軟化死硬的對手；有時他虛張聲勢，是爲了更大的利益；他有時教你大吃一驚，是爲了破除成交的障礙；他有時故意洩漏機密，是爲了讓對方中計；他有時搬出競爭幽靈，是爲了逼對方就範……

在古今中外人類發展歷史中，這些老狐狸無疑扮演著關鍵性的推促角色，不管是政治、經濟、軍事、文化，或是日常生活中，兩個個體相互聯繫、協商及交涉時，他們都有著出人意表的智慧與謀略。

國家與國家、團體與團體、個人與個人之間的互動，都是不斷從衝突到妥協、從新的衝突到新的妥協，循環不已地進行著。解決彼此衝突的途徑，除了武力鬥爭之外，便是權謀和策略。

想要在人生戰場上獲得成功，就必須具備智慧、辯才、知識、判斷、經驗，並且懂得如何運用戰略、戰術。

當人類社會向知識經濟時代邁進之時，智慧生存法則越來越重要。

在全球經濟發展中，無處不在的商業行爲和人際互動裡，高超的應對進退能力是每位企業家和想從慘烈競爭中脫穎而出的人所追求的，這種能力與智慧的謀略是相輔相成的。

想要擴充自己的版圖，必須全心投入，具備堅韌不拔的意志，充滿智慧的技巧，有時更須使出一些應對兵法，才能夠化被動爲主動，化不利爲有利，最終戰勝對手、吞併對手或奴役對手。

世間到處充滿著虛假與欺詐，裝出慈悲和善的臉孔，正是熟諳厚黑權術的人的拿手好戲，爲了達到自己所追求的目的，他們經常以最美麗的外表、最動人的言詞欺騙別人的耳目……

所以，要提高的競爭優勢，不僅要知識廣博，更要積累實務經驗，研究各種致勝技巧及謀略，鍛鍊自己的應變能力。

欺騙對手也是一種有效手段

不管是什麼形式的角力，只要能靈活而生動地體會和運用這些攻守法則，你就能成為最後勝出的人。

在實際工作和生活中，許多人往往過於暴露與張揚，不懂得隱藏自己，喜歡把自己的一舉一動都置於別人的視野範圍之內，習慣什麼都和盤托出，不懂得運用眞眞假假，虛虛實實的技巧，最後爲自己招來麻煩。

《孫子兵法》強調：「兵者，詭道也。」

用兵之道，就是要善於迷惑和欺騙敵人，所以在己方實力強的時候，一定要想辦法裝出疲弱的樣子。

當離敵陣較近時，要設法使敵軍誤以為你離他們還很遙遠，在離敵陣眞正遙遠的時候，也要設法使敵人誤以為你早已兵臨城下。

當敵人覺得有利可圖的時候，要有意識地引誘他們進攻，在敵人陷於混亂的時候，要一鼓作氣將之擊潰。

我方軍備和戰鬥力充分時要想法偽裝，在敵人比自己的實力強大時，一定要想辦法避免與他們正面衝突。

這就是《孫子兵法》教導我們的「兵行詭道」，除了運用在軍事上之外，在政治及商業上更可以靈活運用。

然而，大多數人並未深刻地領會《孫子兵法》中的「兵行詭道」，總是過於暴露與張揚，不懂得偽裝自己，不懂得自保，更不懂得「逢人只說三分話」的重要。

有些心事帶有危險性和機密性，不能隨便吐露。例如，在工作上承擔的壓力與牢騷，或是你對某人的不滿與批評，當你滿腹怨氣地傾吐這些心事時，就有可能在他日被人拿來當做修理你的武器。

所以，無論你是公司的主管，還是一般小職員，都要學會保護自己，學會隱蔽自己，這是我們取得成功相當重要的方法。

在《孫子兵法》中有一項攻守法則，「攻其所不守也，守其所不攻也」，強調想要攻擊敵人獲得勝利，就應該攻擊敵人不注意的地方。如果我們處於防守位置，那就應該留意平常看來不顯眼的地方，以免引起敵人重兵強攻。

做人可以心軟，做事絕對不能手軟，行爲絕對不能遲疑不決，在攻擊和防守時需要投入更多的精神，因爲要對敵人的動靜瞭若指掌，必定要下功夫挖掘情報。

在攻守之間，情報策略是不可少的。不過，得到再多敵方的情報，也不能以爲從此就可以高枕無憂。因爲，在得手的情報中，可能隱藏著對方故意設計的錯誤資訊，如果因此而忽略了其中可能存在的陷阱，說不定會發生致命的大傷害，所以，不得不小心謹慎。

發動攻勢時，要設法攻擊對手防禦薄弱的地方，因爲此處是最爲對手忽略的地方，遭受的抵抗也最少。攻擊時，要讓對方摸不清意圖，然後伺機而動，才能出其不意地直搗對方核心。

所謂戰術，就是爲了達成目標所使用的方法，如果懂得用各種不同的戰術騷擾對方，讓競爭對手忽略你眞正的意圖，那麼勝負已可預見。

所以，在獲得一分情報時，不能僅看它表面所傳達的訊息，必須保持愼重的態度，了解內在的實質意義。

孫子所說的「能爲敵之司命」，就是要我們瞭解、掌握無形的戰術，掌握了對手的命運，就掌握了勝利。

不管是什麼形式的角力，只要能靈活而生動地體會和運用這些攻守法則，你就能成爲最後勝出的人。

逞強，只會落得悲慘下場

人想要過得快活，就必須有自知之明，不管做什麼事之前都要先稱稱自己到底有幾兩重，不要打腫臉充胖子，否則就會因為一時的逞強而落得悲慘的下場。

《孫子兵法．九地篇》說：「將軍之事，靜以幽，正以治。能愚士卒之耳目，使之無知。易其事，革其謀，使人無識。」

一個英明的領導者，必須冷靜而心思細膩，如此才能培養深謀遠慮的智慧，像狡兔一樣預做應變措施。時時改變戰法，時時更換計謀，使別人無法識破自己的眞正意圖，遇到危機更要懂得借力使力，爲自己謀得更有力的契機。

制定謀略的時候，一定要兼顧利與害這兩個方面。既要充分考慮到有利的方面，同時也要考慮到不利的一面，千萬不要逞強。

西元二二三年，蜀漢的建立者劉備因病去世，隨後，他十六歲的兒子劉禪即位，人稱後主。

劉禪是個昏庸無能的人，即位初期由於丞相諸葛亮等人的輔佐，還能好好地治理國家。後來輔佐他的人先後去世，他自己又只知道玩樂，因此把國家治理得越來越糟糕，國勢日趨衰弱。

西元二六三年，魏國大將鄧艾攻下綿竹，大軍直逼成都，劉禪只好投降，當了俘虜，至此蜀漢滅亡。

不久，魏帝曹奐命劉禪遷到魏國都城洛陽居住，並封他為安樂公，給予他很多賞賜。劉禪對此很滿足，毫不在意地在異國他鄉重過享樂生活。

當時，魏國的大權掌握在晉王司馬昭手中。有一天，司馬昭請劉禪飲酒，席間，特地為他表演蜀地歌舞。

在場的蜀漢舊臣看了，不禁觸景生情，心中十分難過，有的還掉下了眼淚，只有劉禪觀看得津津有味，樂不可支，臉上全無亡國之恨。

司馬昭見到這種情況後，感到相當不屑，私下對一位大臣說：「一個人竟然可以糊塗到這等程度，真是不可思議。如此看來，即使諸葛亮還活著，也不能保住他的江山！」

席間，司馬昭故意問劉禪說：「你思念蜀地嗎？」

「我在這裡過得快樂，根本不思念蜀地。」劉禪回答說。

過了一會，劉禪起身離席，原在蜀漢任職的郤正跟到廊下，暗地裡對他說：「今後大將軍再問您是否還思念蜀地，您應該哭著說，我沒有一天不思念。這樣一來，您或許還有希望回到蜀地去。」

不久，司馬昭果然又問劉禪是否還思念蜀地，劉禪照郤正所教的說了，還勉強擠出了幾滴眼淚。

不料，司馬昭已知道郤正教劉禪說這話的情況，聽後哈哈大笑，當場加以拆穿，劉禪只得承認下來。

劉禪是歷史上有名的「扶不起的阿斗」，不過，儘管他沒有治國平天下的才能，卻有著裝瘋賣傻的活命本領。

蜀漢原本就是三國之中最弱的國家，即使在名相諸葛亮治理之下，都沒有辦法興盛了，平庸的劉禪自然只求能輕鬆享樂過活。

諸葛亮死後，蜀漢很快地就投降，原本就是大勢所迫，責怪劉禪似乎沒什麼道理。身爲俘虜，他倒也不太在乎，因爲在軟禁生活，他無需管理朝政，反而落得輕鬆，開心渡日。

或許，看在那些蜀漢舊臣眼中，他這般樂不思蜀的模樣實在令人黯然神傷，但正是因爲他的平庸、無能，讓司馬昭沒有威脅之憂，心軟之下才留他一命，沒有趕盡殺絕。

這點說明了，人想要過得快活，就必須有自知之明，徹底認清自己的能力，以及置身於什麼環境。

不管做什麼事之前都要先稱稱自己到底有幾兩重，不要打腫臉充胖子，否則就會因爲一時的逞強而落得更悲慘的下場。

敵人可能藏身在朋友中

敵人騙你之前，一定會先取得你的信任；當你相信他，別說是低下脖子來，就連叫你整個人彎下腰來，你也會願意。

有句斯拉夫民族諺語是這麼說的：「一個人想騎到你頭上之前，通常會先誘騙你低下脖子。」

此消彼長的道理人人都懂，只是，你知道要用什麼方法才能使對方把脖子低下來嗎？

民國初年，袁世凱想稱帝的野心愈來愈大，當時他最忌諱的敵人，就是能力過人、勢力足以與他抗衡的雲南總督蔡鍔。

為了斬草除根，免除後顧之憂，袁世凱設計將蔡鍔引誘到北京，封他一個有名無實的督辦，職責是負責丈量全國土地，然後暗中把蔡鍔軟禁起來，隨時派人在旁監視。

司馬昭之心，精明能幹的蔡鍔哪有猜不出來的道理？只是四面楚歌，情勢險惡，蔡鍔輾轉難眠的思量好幾天，研究該怎麼做才能突破困境，掙脫囚籠，全身而退又不禍及家人？

過了幾天，只見蔡鍔欣然接受袁世凱的安排，不僅表示對北京督辦這個職務極感興趣，還將家中老母和妻子都接來北京，並且大修宅院，似乎打算長期居住下來。

接著，蔡鍔和袁世凱的親信越走越近，耳濡目染之下，成了酒家的常客，夜夜笙歌、花天酒地，甚至公然宣佈自己和名妓小鳳仙熱戀。

所有曾經支持他的人都感嘆英雄難過美人關，如今的蔡鍔耽於逸樂，是個好逸惡勞的花花公子，哪還能有什麼作為？袁世凱因此放下戒心，心想這個人是沒救了，就讓他繼續沉淪下去吧！根本不需要自己親自動手。

蔡鍔對旁人的好言相勸充耳不聞，也對陌生人的冷嘲熱諷無動於衷。過了幾個月，蔡鍔似乎發生一點家庭糾紛，當著袁世凱親信的面，狠狠地賞了自己老婆幾巴掌；蔡鍔的老母親一氣之下，帶著媳婦連夜趕回老家湖南。

少了母親和妻子的照顧，蔡鍔的身體狀況越來越差，彷彿是生病了。他以看病為理由，在天津的日本醫院中喬裝成日本人，找個機會逃到日本，再從日本跑回雲南和家人會合。

接著，他揭竿起義，討伐袁世凱，粉碎袁世凱做皇帝的美夢。

敵人騙你之前，一定會先取得你的信任；當你相信他這個人，別說是低下脖子來，就連叫你整個人彎下腰來，你也會願意。

朋友和敵人之分，通常只在一線之隔。正如古羅馬思想家塞內加所說過：「朋友是我們所喜愛的人，但是喜愛你的人，不一定就是朋友。」

什麼樣的人最好騙？陌生人比敵人好騙，朋友又比陌生人好騙；當你正逐步對別人卸下心防時，不妨想一想，他把你當成朋友，真的是因爲喜愛你嗎？

在競爭中要提防諜報活

任何微妙之處，都會用上間諜。要有防人之心，尤其是在激烈的競爭當中，更要嚴防對手不擇手段的諜報活動。

一個優秀的領導統御高手，常常以正攻法作戰，而以奇兵之法而大獲全勝。所以，那些善用奇策、善出奇兵的領導者，往往能在競爭之中左右逢源，如魚得水，游刃有餘。

爲了理解「以正合，以奇勝」的戰法，我們來看看在第二次世界大戰中，那次舉世注目而又激動人心的大戰役「諾曼第登陸」，指揮這場戰役的是當時的盟軍總司令，也是後來的美國總統艾森豪。

當時，在美、英、法幾個大國首腦斡旋下，決定組成一支聯軍，渡過英倫海峽，從法國北部的諾曼第登陸，然後在德國的西部戰場開闢一個新的作戰區域，這樣就可能加速戰爭的進程，早日結束戰爭。

聯軍的總司令由美國著名軍事家艾森豪將軍擔任，他充分考慮到，如果德國軍隊有所防備而佈下重兵，那麼聯軍在歐洲西部登陸將傷亡無數，甚至因此而喪失這場戰爭的主導權，德國則可能反敗為勝。

最後，他決定使用「反間計」，迷惑德國法西斯。

按照艾森豪的計劃，盟軍總部找來一具屍體，並為他穿上聯軍軍官的衣服，還配上證件，然後將屍體悄悄扔到德義法西斯控制的地盤上。

不久，德義法西斯軍隊發現這具屍體，並搜出一封信，他們相信這位軍官是美國軍隊某海軍中隊的中尉，極可能是在執行任務中不幸落水身亡。那封信已很難辨認，後來經過技術處理，才知道是一封極為重要的機密情報。

信上大意是，聯軍打算在地中海的西西里島登陸，然後由此北攻義大利，之後再往北推進與蘇聯紅軍進行夾攻，一舉擊潰德國法西斯。

因此，德軍研判，這位死亡的中尉正是在接到上司的密令，前去考察地中海沿岸的地形時不幸落水遇難的。

一切都在艾森豪的預料之中，這封密函很快被送往希特勒手上，但聰明的希特勒確實非等閒之輩，並沒有輕易地相信這一封來歷不明的信，不過他也不願輕易放過這個情報。於是，他命令情報機構儘快查出真相，弄清這封信的可信度。

機智過人的艾森豪將軍，也立即請有關人員及時地在聯軍的軍事通訊簡報上，登上這位中尉在考察地形時遇難的消息。德國軍方經過查證，很快地便相信這位中尉的身分，並上報希特勒。

於是，希特勒決定將大量軍隊駐防在地中海沿岸，以防聯軍在西西里登陸，而在此時，艾森豪將軍則做好了諾曼第登陸的準備。

登陸戰役展開之後，希特勒才知道自己上了大當，但是，他想在短時期內重新進行戰略部署為時已晚。

諾曼第登陸戰役的重大勝利，讓盟軍吹響反攻號角，也決定了法西斯德國和希特勒的潰敗。

一招「反間計」，完全改變了一場舉世注目的戰局的命運，同時也證明了戰術變化多端必須屢屢出奇招，才有致勝的可能，只要善用奇策，就能改變困頓的戰況。

雖然這種謀略的方式，可以運用在彼此競爭的公司間，但是，非到萬不得已，不要把它用來對付自己的同事、自己的上司和下屬。

在軍事或政治、商業行動中，有一種身分特殊、行事神秘、專門蒐集情報的人物，我們稱之爲間諜，而各種不同類型的間碟，會進行不同的諜報活動，其中尤以反間最爲大家所熟知。

所謂「反間」，是指收買或利用敵方派來的間諜爲我方效力。

在諜報戰中，沒有人比間諜和統帥的關係更密切，沒有人比間諜更瞭解事情的來龍去脈。但是，統帥若不是才智過人，也無法將間諜辛辛苦苦收集起來的情報運用於作戰，如果統帥不是個仁義寬厚的人，間諜也不會爲他賣命，而且還有可能反戈一擊，向敵方投誠。

所以，若不能做到用心精細、手段微妙的人，就不能分辨出間諜取得的情報是眞是僞。

任何微妙之處，都會用上間諜。事實上，諜報活動不但出現在各個領域的激烈競爭上，也或多或少出現在我們的日常生活和工作場合。

不過，從另一個角度來說，如果你用這種方法來對付自己的同事，那麼你的人際關係恐怕會有很大的問題。一個人際關係很糟糕的人，是沒有多大希望晉升領導階層的，更不要說成爲什麼領導高手了。

一如《紅樓夢》中，那個聰明潑辣的王熙鳳，便可說是聰明絕頂，然而聰明過頭的她，卻把聰明才智誤用到家人的身上，所以《紅樓夢》說她「機關算盡太聰明，反誤了卿卿性命」，不正是聰明反被聰明誤的最佳寫照？

不過，這也提醒我們要有防人之心，尤其是在激烈的競爭當中，更要嚴防對手不擇手段的諜報活動。

要面子，也要顧銀子

談判者要有面厚心黑的修養，不可以用不尊重對方的語氣說話，否則只會贏了面子，而輸了裡子，甚至丟了銀子。

《孫子兵法．地形篇》說：「故知兵者，動而不迷，舉而不窮。」眞正善於用兵作戰的將帥，總是保持清醒的頭腦，從不因爲對手的行動而迷惑，相反的，會讓自己的戰術變化無窮，使敵人難以捉摸。如果敵人不知道你的眞正意圖，那麼，只要略施小計，就能達成自己的目的。

談判是利益的較量，也是辯才和臉皮厚薄的較量。

談判日期訂立後，事前應該透過不斷演練，來檢驗談判內容的周密程度，以求修正和改善自己臉薄心軟的缺點。

許多商場老狐狸進行談判前的縝密計劃，往往令人驚訝。他們對於重要生意的談判，事先進行多次演練是常有的事，對於在談判中可能出現的每個細節問題，也都做了充分準備。這種方式使他們增強應變實力，也增加了折衝優勢，即使說謊也臉不紅、氣不喘，因而成爲談判桌上的大贏家。

已是萬家燈火的時候，某家車床公司的總經理還在辦公室裡與他的夫人爭論得面紅耳赤：「我按合約規定，在上月十八日將兩台車床運送到貴公司。貴公司為何不將首批貨款於當月三十日匯出？」

他的夫人振振有詞地反擊說道：「因為，我們在三十日以前，並沒有收到貴公司送來的車床。」

「那不是我們的責任。我們按合約如期送出，有憑據可查。」

「可是，貴公司為何不以急件處理呢？」

總經理的火氣更大了，「合約上並沒有要求這一項呀！」

然而，他的夫人卻露出冷笑，一副狡猾的模樣，平靜地規勸：「你的聲音這麼大，你是想以聲勢壓人嗎？要知道，有理的人說話不必大聲。」

知道內情的人，對此莫不發出會心的微笑。

原來，總經理不久要和理亞金屬加工公司進行談判，今晚特地請他的夫人扮演理亞公司總裁，以模擬談判過程。

談判者預先進行角色扮演之時，可用不同的人充當對手：有的急躁粗暴、有的道貌岸然、有的不拘小節、有的吹毛求疵……儘量將對方可能提出的尖酸刻薄問題，和反駁的理由設想出來，預測談判的可能結果，進而對預期目標重新評估。

如此，就可以在演練中發現談判計劃的疏漏和一些不符實際的弊端。

另外，談判者的穿著言行也是很講究，絕非等閒小事。如同夫人指責總裁的怒氣一樣，談判者要有面厚心黑的修養，不可以用不尊重對方的語氣說話，否則只會贏了面子，而輸了裡子，甚至丟了銀子。

此外，談判者代表企業，影響企業形象甚大，所以，談判代表的服裝配飾必須煞費苦心。

傳聞松下電器公司的總裁松下幸之助，原來是個不修邊幅的人，頭髮蓬亂，衣衫褴舊，皮鞋也不常擦，活似個邋遢老頭，根本不像赫赫有名的大總裁模樣。

有一次，松下幸之助去理髮廳理髮，當理髮師得知他就是大名鼎鼎的松下總裁時，驚訝之餘，嚴肅地批評道：「你這樣不注意自己的外表怎麼行呢？別人會從你的身上聯想到公司的形象，總裁的外表這樣邋遢，別人對公司的印象會好嗎？」

松下幸之助悟出其中真諦，於是來個全身上下徹底的改觀，服裝整齊，皮鞋閃亮，頭髮油光，給人一種肅然起敬的威懾力量，而在商業折衝過程無往不利。

由此可見，營造自己的形象，也是談判過程中不可忽略的重要環節。

不管是商業利益或人際關係，談判或折衝都是我們經常遇到的課題，必須設法讓自己既贏了面子，也贏了銀子。

製造輿論達成自己的目的

利用廣告行銷的手法，來達到宣傳與刺激人心的效果。不急功好利，凡事循繼漸進，等待最佳時機的到來。

《孫子兵法．地形篇》有句名言說：「故進不求名，退不避罪，唯人是保，而利合於主，國之寶也。」

意思是說：身爲領導者，進行決策時不能因爲驕傲而貪功躁進；進攻不是爲了尋求個人的功名，撤退也不要怕擔當罪責，一切都應該符合根本利益。只有具備這樣的素質，才是一個卓越的領導者。

武則天是中國歷史上第一個女皇帝，威名至今仍歷久不衰。

原本是唐高宗寵妃的武則天，自從得寵之後，便經常在唐高宗身邊協助處理各大小政事，讓她有機會掌握朝中大權。唐高宗去逝後，繼位的唐中宗品性懦弱，凡事都聽母親的話，這也讓武則天萌生野心，想要自立為帝。只是，在當時男尊女卑的社會中，想要女人當家，談何容易？

武則天明白自己當皇帝的時機還未到，只好暫時另立豫王為唐睿宗，讓他做個掛名皇帝。然而，不少大臣卻屢屢勸諫，要武則天儘早把權力交還給睿宗，李敬業甚至召集十餘萬兵馬，誓言要殺掉垂簾聽政的武則天。

面對如此強大的反對力量，武則天心裡明白，即使目前坐上皇帝寶座，眾人不服，民心不穩，恐怕要在歷史上留下惡名。於是，她決定要費些時間為自己製造擁戴的聲勢，改變人們的觀點。

表面上，她先是擺擺樣子歸政於睿宗，暗地裡卻要他堅決辭退，讓外界覺得自己像似逼不得已才臨朝掌政一般。

接著，她又讓侄子武承嗣派人在石頭刻上「聖母臨人，永昌帝業」幾個字，並塗成紅色，扔進洛水，由雍州人唐同泰取來獻給朝廷。

於是，武則天便親祭南郊，稱此石為授聖圖，改洛水為昌水，封洛水神為顯聖侯，給自己加封聖母神皇，並舉行了聲勢浩大的拜洛受瑞儀式。

此外，她又命令一位御史率領關中百姓九百餘人，來到朝廷上表，懇請武則天親臨帝位，武則天佯裝不答應，卻又馬上把這個御史升職為給事中。當大家看見這個御史如此輕易就升官，開始紛紛效法，上表奏請武則天登上帝位。

如此大造輿論，百姓們都以為武則天稱帝是上應天意、下順民心，而百官群臣或為升官或為自保，也順水推舟恭請武則天早日登位。

時機成熟之後，武則天這才廢了睿宗的帝位，親自登基，成為一代女皇。

歷史上的帝王爲了掌握權勢，擁有榮華富貴，有時也必須製造輿論宣傳，讓自己可以名正言順的登上龍位。

以現代角度來看，武則天正是利用廣告行銷的手法，來達到宣傳與刺激人心的效果。不急功好利，凡事循纔漸進，等待最佳時機的到來，正是她的重要手段，更是從古至今，許多成功者一再提醒我們的成功要點。

死纏爛打也是求勝的方法

當彼此的交涉過程陷入僵局之時，厚著臉皮死纏爛打的交涉模式，有時會發揮不可小覷的功效。

《孫子兵法．行軍篇》說：「辭卑而益備者，進也，辭強而進驅者，退也。」不論戰爭或是談判、交涉，總是虛虛實實，軟硬不斷替換，如果強硬手段無法屈服對方，那麼就改採軟調說法。

一家設備製造公司準備向某國外廠商銷售一套設備，由負責該公司出口業務的Y君進行交涉。一套設備價值幾億元，年輕而資歷又淺的Y君能否擔此重任，公司正拭目以待呢。

Y君與對方經過幾番談判，漸漸觸及到價格的問題，公司和Y君都對這一套設備寄予賣好價的厚望。

可是，就在此時，對方認為Y君的報價「至少貴了三成」，意思是報價與對方出價差距太大，沒有再談的必要。

談到這一步不容易，現在放棄，豈不是太可惜？對方的業務員再次強調，不降三成就免談，立場很強硬，不留商量的餘地。然而，設備製造公司覺得降價的幅度不可能這麼大，因此，成交的信心開始動搖。

Y君反覆思考後，鐵了心想：「要放棄這筆生意可以，但絕不是現在，目前已到了破釜沉舟的時刻，不如再搏一把。」

在對方已經拒絕談判的情況下，Y君還想扭轉乾坤、反敗為勝，簡直有些不知天高地厚。

可是，他不這麼想，他認為反正大不了給對方一腳踢出門罷了，於是做了心理準備後，硬著頭皮去敲對方的大門。

當Y君向對方提出可以降價三成時，對方接洽人簡直嚇呆了，心想已經說過免談了，這小子怎麼又找上門來了？於是道：「這種價格可不是我能夠決定的，我得向主管請示。」

主管自然也還記得他已表明過不必再談，但一看到Y君出現，聽到他提出的價格，也呆愣愣的不知說什麼才好。

Y君語氣堅定地說道：「我是真的很想做成這筆生意，現在向貴公司提出的這個價格，我們的讓步已經相當大。如果貴公司還不能決定，我是不會輕易就此離去的。」

這位外國廠商主管為Y君的決心懾服，雖然離公司的出價還有些距離，但仍可以從下筆交易中補回，於是召來業務員，準備起草合約。

事後，晉升爲主管的Y君回憶說：「正因爲對方主管是個城府很深的人，對交易上的考量不會只著眼於眼前的局部利益，所以，我的上司才敢派我這個涉世未深，而不知道畏懼的毛頭小子前往交涉。現在，我在指導部屬之時，也會放手讓他們自己去闖闖看。」

剛調入該公司內銷部門不久的J君，接到一件客戶抱怨的案子。對方的採購課長打電話來說，購買的高爐有問題，要求設備公司派J君與技術人員一同前往處理。

可是，技術人員一直無暇前往，結果，對方的採購課長被激怒了，生氣地指責J君說：「你沒有做好妥善安排，是你的不對。」並且揚言說：「再也不向你們採購了！」

對方是設備製造公司的大客戶，每月都有固定訂單，而設備製造公司本來就訂單不足，競爭公司還在拉他們的客戶，在這種情況下，若再失去這個大客戶，公司就損失太大了。

J君急得如熱鍋上的螞蟻，反覆向對方解釋，交涉卻一直無效，到第二個月訂單果真停了。

J君見事情砸在自己的手裡，便想反敗為勝，很有耐心地每天都前去拜訪這位強硬的採購課長，站在課長辦公桌前說：「請您給我一個機會吧！」一站就是二十分鐘。

見對方一聲不吭，埋首工作，J君就說：「我明天再來好了！」

第二天，J君準時到達，一站又是二十分鐘，課長還是不理不睬。一個星期過去了，課長終於被J君的誠意感動，於是兩方再度展開生意的往來。

當彼此的交涉過程陷入僵局之時，厚著臉皮死纏爛打的交涉模式，有時確實會發揮不可小覷的功效。譬如，J君就是靠自己的決心、耐心、苦心、誠心，贏得了對方的信任，最後挽回了劣勢。

03

注意，敵人的刀槍不長眼睛

敵人的刀槍、流箭不長眼睛，領導者應視情況、環境適時進行調整，如果一味僵化不知變通，恐怕只有失敗的分了。

教訓投機取巧的小人

投機取巧的人一般嘴甜、心細、臉皮厚，即使是做錯了事，也往往會把責任轉嫁和推卸到其他人身上去。

《孫子兵法．謀攻篇》說：「用兵之法，十則圍之，五則攻之，倍則分之，敵則能戰之，少則能逃之，不若則能避之。」

必須訴諸武力之時，必須衡量敵人的實力，能打就打，不能打就要避開正面交戰，設法使用計謀讓對方鬆懈，再伺機行事。

默片時代的星卓別林以諷刺喜劇名震影壇，在日常生活中也經常運用機智幽默對付心懷不軌的歹徒。

有一天，卓別林到電影院看電影，鄰座恰好坐著一個扒手。扒手把手伸進卓別林的口袋偷錢，被機警的卓別林發現，扒手連忙說：「對不起，我想掏手帕，卻掏錯口袋了。」

卓別林禮貌性地對他微微一笑，表示沒關係，誰知過了一會，他竟然一巴掌打在扒手的臉上。

扒手怒氣沖沖地瞪著卓別林，只見卓別林裝出一副抱歉的模樣，對扒手說：「對不起，我想打死停在我臉上的蚊子，沒想到卻打錯了臉。」

每個人身邊都有一些投機巧取的小人，對付這種人不妨學學卓別林，採取「以牙還牙」的方式。

在職場上，投機型的人善於察言觀色，臉皮很厚，把自己做爲商品，謀求在「人才市場」上討個好價錢。這種人即使在工作上也愛討價還價，往往對目前僱用他們的公司施加壓力，鑽營晉升或增加工資的機會。

或者他們在工作上不安分，但卻熱衷於和領導套交情，他們不想憑工作成績得到重用和提拔，而是想通過和領導拉私人關係得到好處。

投機取巧的人一般嘴甜、心細、臉皮厚，即使是做錯了事，也往往會把責任轉嫁和推卸到其他人身上去，而一旦有了功勞，他又會極力地吹噓自己的貢獻和成績，生怕上司不知道。

還有，上司在場和不在場，他們表現就完全不一樣，上司在的時候，他肯定是最勤勞的一個，連臉上的汗水也不會擦，千方百計想給上司一個好印象；領導一旦離開，他就賴在一旁休息了。

領導者光憑自己的眼睛是很難發現的，因爲這些人很會僞裝自己，只有多聽取其他下屬的反映，才能揭開這種人的眞實面目。

這種人是不能重用的，他在哪個部門任職，哪個部門就會被他搞得亂糟糟。因此，領導者一旦發現部下中某一位是一個投機取巧的人，要毫不客氣地要把他撤換掉。哪怕他只是一個普通的員工，你都要提防，免得受他的騙。

適當表現自己有加分作用

德國哲學家尼采曾這樣評說：「任何一位天才的誕生，都是以無數天才的被埋沒為代價的！」

善於表現自己的人，往往能做到「潤物細無聲」，能在不知不覺之中使人瞭解他的才華，並且對他產生好感。

做人要沈穩持重、老成世故，凡事不可過於張揚、誇張，這樣會引起上司和同事的反感和嫉妒。

另一方面，想要出人頭地，那就要適當表現自己，善於將自己的優長之處以妥當的方式表現出來，並且小心地別引來不必要的麻煩。

因此，偶爾反其道而行，將事物發展的趨勢引向積極的一面，並引向有利於自己的一面，也是個不錯的技巧。

有人說：「會哭的娃兒有奶吃」，因爲會哭的娃兒能夠吃到比其他孩子更多的奶，長得比其他孩子更加白白胖胖，也更惹人疼歡。只因爲他比較會哭，而且他的會哭會鬧不至於引起父母的反感，而是讓父母親對他多了一分憐愛。

德國哲學家尼采曾這樣評說：「任何一位天才的誕生，都是以無數天才的被埋沒為代價的！」

這是相當一針見血的說法，一個天才的出現，有著其必然性與偶然性的結合，有時還有著決定性的作用。

達爾文的進化論，被稱為十九世紀的三大科學發現之一，對歷史的進程、各種自然科學的發展與人文科學的研究，產生了極為深遠的影響，也可以說是少有的革命性影響。

有了進化論，關於生物進化之謎和人類終極走向的脈絡，就變得清晰可循，也更加明朗化；有了進化論，長期困擾社會科學家的重大問題也迎刃而解了。

然而，當中外各階層人士將花環紛紛拋向達爾文的時候，誰也不曾想到，還有一位叫理查德的英國生物學家，也取得了不亞於達爾文進化理論的研究成果。達爾文在他所寫的《物種起源》自序中也坦率地說明，他之所以要加快速度寫出進化論，並盡可能快地將它付梓，其中有個很重要的原因就在於，理查德也出人意料地得出了與他相似的結論。

也就是說，理查德原本應該成為一個與達爾文並駕齊驅，與他享有同樣聲譽的生物學家。然而，事實是相當殘酷的，到目前為止，絕大多數的人都只知達爾文，卻完全不知道誰是理查德。

整個進化論與達爾文的名字是合而爲一，世人並不知道還有另外一位天才生物學家也提出過進化論。

達爾文是一位具有天賦的生物學家，同時也是一位善於表現自己、讓世人充分瞭解自己的科學家，他的成功秘訣就在於做事毫不手軟，懂得以最快速的方式表現自己的才華。

這個故事向我們揭示了一個道理：「無論你多麼有才華，無論你有多麼偉大，你應當讓世人瞭解你，知道你，這是你展現才華的機會，也是你重要的權利。千萬不要心軟，同情對手就等於奪自己的權益。」

在我們的日常工作中，同樣要讓上司和下屬充分地瞭解自己的才華。經常有這樣的情況，同樣是職務相當、才能相當的兩個人，一個踏實拼命，但是他卻從來都不願「表功」，不願「邀功請賞」，結果機運總是很差，升遷更是無門。

然而，另一個則與他形成強烈對比，另一位雖然工作不太踏實，但是卻善於與領導和下屬溝通，善於表現自己，這些「良好的人際關係」往往是他平步青雲、一帆風順的最佳媒介。

所以，適當地表現自己的才華是十分必要的，不過才能想表現得恰適，卻又是另一番學問了。

找出癥結，問題就能順利解決

當你了解了問題的癥結在哪裡，你便可以得知該從哪裡下手。世界上沒有解決不了的問題，有的只是你不了解的問題。

《孫子兵法．九變篇》中論及利害時強調：「是故屈諸侯者以害，役諸侯者以業，趨諸侯者以利。」

意思是說，要迫使別人屈服，就要用他們最害怕、最忌諱的手段去擾亂和威脅；相反的，要使別人爲自己做事，就要用利益加以引誘。

能判明敵人的虛實和作戰意圖，必然會取得勝利；相反的，要是什麼都不知道，那就必敗無疑了。

現實生活中也是如此，面對難解的問題，必須先找出癥結所在，再擬定有效的進攻策略。

業務員小周有一個令他十分頭疼的客戶，這個客戶專愛拖帳，而且往往一拖就是好幾個月。

為了這個客戶，小周不知道讓經理給數落了多少次。其實，並不是他不積極地去催帳，只是這家公司老闆老謀深算，只要秘書一聽見電話那頭傳來小周的聲音，便會馬上接著說：「我們老闆不在。」然後，「喀嚓」一聲掛斷了電話，叫小周向誰開口要錢呢？

若是直接跑到客戶的公司門口，櫃檯小姐一看到他，便一定會中氣十足地扯著嗓子喊道：「真是不巧，我們老闆今天不在咧！」

做生意做得這麼痛苦，小周不是沒想過乾脆不要和這家公司打交道，只是市道冷清，如果放掉這隻大魚，可能會連魚乾都吃不到！為了長期的利潤著想，小周只好硬著頭皮，一次又一次的上門去碰釘子。

終於有一天，小周想出了一個對症下藥的辦法。他匆匆忙忙來到客戶的公司。

照例，在門口就吃了櫃檯小姐的閉門羹，大聲喊道：「我們老闆不在，請你先回去，等老闆回來我再請他打電話給你。」

小周只好點了點頭，轉身走向門口。臨出門前，像是忽然記起了一件事情，他走回櫃檯，從公事包裡掏出一封信交給櫃檯小姐：「要是妳老闆回來了，麻煩妳把這封信轉交給他。」

說完，小周就急忙離去。

過了一會兒，又看到小周氣喘如牛走回來，上氣不接下氣對櫃檯小解說：「很對不起，剛才的信給錯了，請妳還給我。這封信才是給妳老闆的。」

櫃檯小姐走到辦公室裡拿了那封信出來交還給小周。

小周瞄了信封一眼，發現信封已經有被拆開過的痕跡，興奮地說：「太好了！妳老闆已經回來了，請妳帶我去見他。」

就這樣，小周順利的見著了老闆，拿到了貨款。

在把貨款放進公事包的同時，他看了看皮包裡那封被拆開的信，信封上寫著：「內有現金，請親啟。」

小周臉上浮現了得意的笑容。

當問題發生時，你看到的只是表面的結果；問題爲什麼會發生，這才是你眞正應該探究的原因。

找出根源，你也等於找出了答案。

小周的問題是什麼？他有一個貪心的客戶，因爲貪心，所以拖帳，如果想要成功的收回帳款，小周必須先從人性的貪婪面著手。

任何問題的答案，都隱藏在問題之中。

沒有人可以處理一個自己不知道是什麼問題的問題，解決問題的第一步，是深入了解。如果對方是一個貪心的人，你就必須誘之以利；如果問題只是來自於誤解，你便可以釜底抽薪。

當你了解了問題的癥結在哪裡，你便可以得知該從哪裡下手。世界上沒有解決不了的問題，有的只是你不了解的問題。

對心腹大患不能手軟

法國文豪巴爾札克曾經寫道：「志得意滿、自高自大和輕信他人，是人生的三大暗礁。」

富勒曾經寫道：「對敵人憐憫，等於自找麻煩。」

的確，在這個爾虞我詐的人性戰場上，你的敵人不僅不會因爲你對他網開一面，而對你感激在心，反而會在暗地嘲笑你不該有「婦人之仁」，等到時機成熟，更會無情地將你消滅。

歷史上的斑斑血跡難道還不能讓你警醒嗎？

如果你不想做一個一時心軟憐憫別人，最後卻被人嘲笑的失敗者，就必須學會做人做事應有的厚黑謀略，將《孫子兵法》當做自己的人生教戰守則。

春秋時期，吳國大夫伍子胥，曾經幫助闔閭刺殺吳王僚，奪取王位。吳王闔閭在伍子胥的幫助下，國勢逐漸強大，後來，伍子胥又因攻破楚國有功而被封於申地。

西元前四八四年，繼位的吳王夫差打敗越國之後，為了爭霸中原，野心勃勃地準備出兵攻打齊國。越王勾踐採用文種的計謀，假意帶領部屬前來助威，並且送了諸多厚禮給吳王夫差和太宰伯嚭等大臣。

為此，吳國君臣都十分高興，只有伍子胥憂心忡忡。

他語重心長地勸告夫差說：「越國是我們的心腹之患。勾踐表面上裝得很謙卑順服，但骨子裡仍是為了實現他侵吞吳國的野心。我們不如早一點對它下手，以絕後患。今天我們如果輕信了勾踐的花言巧語，不遠千里去攻打齊國，好比得到了一塊不能生長莊稼的石田，一點用處也沒有。因此，希望大王放棄伐齊的打算而先攻打越國，不然的話，等越國強大反撲過來，就後悔也來不及了。」

吳王夫差沒有聽從勸告，反而受到離間開始疏遠伍子胥，後來居然聽信太宰伯嚭的讒言，賜劍令伍子胥自殺。

伍子胥臨死前，忿忿不平地對手下說：「我死後，在我的墳上種上樹，等到樹長大成材時，吳國差不多也就要滅亡了。我死了之後，你把我的眼睛挖出來掛在吳國東門之上，以便讓我親眼看著越國滅亡吳國。」

十一年之後，吳國果然被越國滅亡，吳王夫差自殺身亡。

法國文豪巴爾札克曾經如此寫道：「志得意滿、自高自大和輕信他人，是人生的三大暗礁。」

驕傲自滿是一座吞人噬人的陷阱，遺憾的是，這個陷阱往往是我們親手挖掘的，等到察覺之時已經後悔莫及。

勾踐與夫差在吳越之戰後臥薪嘗膽，力圖復國雪恥，而夫差卻益發自大自滿，企圖稱霸中原、一統天下。

面對夫差的強勢，勾踐以退爲進，假意求好，鼓動簧舌要夫差不遠千里去攻打齊國，一方面消弱敵人的防備之心，一方面削減敵人的戰力，待自己養精蓄銳，實力充足之際，再一舉進行復仇復國的行動。

本來，勾踐的計謀早已被吳國第一謀士伍子胥看穿，但夫差並不信任伍子胥，反而因此給了敵人可趁之機，無怪乎心高氣傲的伍子胥，在被逼自盡時憤而留下惡言詛咒吳國滅亡。

夫差亡國自盡之時，倘若想起了伍子胥之諫言，想必是後悔莫及了。

以智取勝，才是真正的領導高手

謀略可以以弱勝強、以少勝多，可以化劣勢為優勢，最終取得勝利。對於戰爭局勢而言，它可以扭轉乾坤；對於人本身而言，它可以改變你的一生。

最理想的用兵大計是以智取勝，上兵伐謀，鬥智不鬥力，將重點放在擾亂和摧毀敵人的智囊謀略上。《孫子兵法．謀攻》中這樣論述：「故上兵伐謀，其次伐交，其次伐兵，其下攻城。」

用兵的上上之策，是能識破並且打亂敵方的作戰意圖和謀略，摧毀他們的智囊機構，其次是要切斷敵國與其周圍國家的聯絡與交往，使之處於孤立無援的境地。最後，才是與敵人進行正面戰鬥，以凌厲的攻擊取得勝利。

最愚蠢的下策則是爲了攻取城池而與對方進行消耗戰，此舉不但勞民傷財，本身犧牲巨大，而且不一定有什麼好結果，經常得不償失。

在市場經濟的廣闊天地裡，謀略或策略往往是商務活動的依據和根源，在瞬息萬變的生活中，現在與以後的情況將變得如何，我們並不大可能有百分之百的把握，更不能只靠主觀的臆測了。

《孫子兵法》所言「上兵伐謀」，運用到商場上，強調應事先調查好對手的市場經營狀況，以及他們的商戰原則和策略步驟，這樣方能對症下藥，採用適當的策略反擊，一舉將對手擊潰。

很多時候，謀略可以以弱勝強，以少勝多，可以化劣勢爲優勢，最終取得勝利。對於戰爭局勢而言，它可以扭轉乾坤；對於人本身而言，它可以改變你的一生；對於企業界的領導者而言，它可以使你在商海來去自如；對於政界的各級領導人來說，它可以使你威信大增、聲譽日隆。

一提起計謀，很多人都會想起《三國演義》裡的「空城計」。當時，諸葛亮揮師傾巢出動，只留下幾十個老弱病殘守一座空城，忽然接到有十萬魏軍來攻城，蜀軍老弱病殘，敵人強悍盛大，如此懸殊的實力要如何頡頏？

只見諸葛孔明將數十老弱病殘分爲兩組，沿城門兩邊一字形排開，自己則在城樓上撫弦彈琴。當司馬懿十萬大軍殺來，看見城樓上的諸葛亮如此泰然自若，而且在兵臨城下的時候還氣定神閒，反而不敢再進一步。

生性猜疑的司馬懿仔細思量後，即刻下令十萬大軍全部後撤，放棄進攻。直到他弄清楚諸葛亮的計謀時，卻已後悔莫及了。這正是古代軍事史上以少勝多、以弱克強的著名戰例。

這裡再提一個弱者善用智慧化險爲夷，轉危爲安的寓言故事。

很久以前，兇狠狡詐的狼一心想吃掉狐狸，但想來想去最終都想不出好法子，有隻自作聰明的公雞，便自告奮勇地要幫助牠，只見公雞到狐狸哪兒，謊稱狼已經死了，請狐狸前去觀看。

聰明的狐狸來到狼的臥室，遠遠地看了一眼，接著說：「我聽說，狼死了以後嘴都要張開，可是這頭狼死了嘴卻還閉著，真是奇怪。」

睡在床上的狼聽狐狸這麼一說，自己也沈不住氣，於是就把嘴慢慢地張開，試圖證明自己是真的死了。

狐狸見到狼的嘴張開了，知道牠根本沒有死，完全是騙人的詭計，於是就飛也似地跳出門去。

「君子鬥智不鬥力」，強調真正的高手要懂得以智取勝的要訣。而「上兵伐謀」則包含了兩方面的意思，一是自己必須以智勝敵，善用計策，不戰而屈人之兵，不動一兵一卒而使敵人降服，這才是真正的高手。

另一方面，則是在攻擊敵人的時候，要集中力量和智慧破壞敵方的謀劃，不讓敵方的計謀得逞。

使出心理戰術逼對手讓步

柯倫泰的一系列暗示，令充滿男人自尊和紳士風度的挪威商人，不得不接受她的低價，從心理上贏得了這場談判，輕描淡寫的一、兩句話，就教人舉手投降。

《孫子兵法．行軍篇》說：「兵非貴益多，惟無武進，足以並力料敵取人而已。夫惟無慮而易敵者，必擒於人。」

作戰之時，不是兵力愈多愈好，而要既能集中兵力，又能判明敵情。欠缺深謀遠慮，輕舉妄動的結果，只會為自己招來不測。想要迫使對方讓步也是如此，話語的妙用不在多，而在於掌握時機畫龍點睛。

柯倫泰是世界有名的大使，精通歐洲十一國的語言，曾經被蘇聯政府任命為駐挪威貿易代表，交涉一切對外貿易事務。

有一次，她和挪威商人就購買挪威鯡魚進行談判。

挪威商人開價很高，她的出價卻很低。

挪威商人精於談判訣竅：賣方叫價高得出人意料的時候，買方往往不得不做出小小讓步，再與賣方討價還價。

然而，柯倫泰也知曉這些生意手法，不肯讓步就範，堅持低價交易。因為她知道，只要談判不破裂，耐心拖下去，可能就會取得意想不到的效果。於是，她堅持「出價低、讓步慢」的原則，取得了討價還價的有利形勢。

後來，柯倫泰和挪威商人進行激烈爭辯，都想削弱對方堅持立場的信心，結果談判陷入僵局。

在談判無以為繼的時候，她突然無條件的讓步，裝出一副可憐的模樣說：「好吧，我同意你提出的價格，如果我們政府不批准這個價格，我願意用自己的薪資支付差額。但是，當然要分期付款，我可能得支付一輩子。」

她這幾句話說出來時，面露無奈神色。

挪威商人怎麼好意思叫她個人支付差額呢？於是也表露一臉無奈：「算了，將鮭魚價格降到您提出的那個最低標準吧！」

柯倫泰的計策是，她表面敗下陣來，卻提出了一個難解之題給對方：用一輩子的報酬分期支付雙方的價格差額。

其實，這道難題是不能成立的，因爲她是蘇聯駐挪威貿易代表，有獨立處理貿易之權，她卻把它推給政府來決定，這是明顯的搪塞之詞，而且也是說不過去的。再者，她把挪威商人與蘇聯政府之間的貿易交涉，轉換成挪威商人與其個人的談判，轉換了談判主題，把本來雙方平等的談判，變成一種無法構成經濟關係的空談。

挪威商人的讓步，並非在邏輯上被柯倫泰說服，而是一種無形壓力佔據了心理：怎麼能拿她微薄的所得去填補如此巨大的價格差額呢？這樣做豈不是有失厚道？

其實，柯倫泰給他另一種暗示是：「你看，爲了跟你做成這筆生意，我一輩子的生活費全都要賠進去，難道你就不能讓點步嗎？教一個小女人無端失去生計的男人，算什麼男子漢？」

柯倫泰的一系列暗示，令充滿男性自尊和紳士風度的挪威商人，不得不接受她的低價。

柯倫泰從心理上戰勝了挪威商人，贏得了這場談判，輕描淡寫的一兩句話，就教人舉手投降。

注意，敵人的刀槍不長眼睛

敵人的刀槍、流箭不長眼睛，領導者應視情況、環境適時進行調整，如果一味僵化不知變通，恐怕只有失敗的分了。

《孫子兵法》云：「兵無常勢，水無常形。」

領導統御策略的運用也不應有固定的模式，應該如同水會根據不同的容器而呈現出不同的形狀一樣。

世事萬物無時無刻不處在變化之中，如果作爲企業和政治領導者不能具體分析問題，並根據實際情況靈活擬定應變措施，那你所制定的路線、方針、政策，你所做出的實施方案和實施步驟，就可能與實際情況格格不入，甚至大相逕庭，從而碰得頭破血流。

有一個鄉下人想到城裡去買東西，順便帶了幾根竹竿去城裡賣。當他來到城門前時，由於竹竿太長，怎麼也進不了城門。這時有個過路人見他急得滿頭大汗，就出了個主意說：「你為什麼不將竹子鋸成幾截呢？」

鄉下人一聽，覺得這個辦法不錯，於是將竹竿鋸成幾截，終於順利通過城門，但進城之後卻沒能將竹竿賣出去，因為長的竹竿人們買去還有用處，可鋸成了這麼多段，還能做什麼呢？

稍微細心一點的人就會發現，這個愚蠢的鄉下人折騰了老半天，就是不知道只要把竹竿換個角度，與地面平行的狀態便能進城了，可笑的是，連那個提供餿主意的路人也沒有想出這麼簡單的方法。

因循守舊，不懂得因地制宜、因勢利導，無疑是人生和事業的大忌。

在中國的古籍中，關於這方面的例子非常多，它們以特有的幽默和風趣反覆地告誡我們，應當怎樣去對待不斷變化發展著的事物。

我們先來看「鄭人買履」的故事。

鄭國有一個人想要到城裡買一雙鞋子，於是開始細心地用尺比劃好自己腳的尺寸，做好鞋底的模型。但是，當他走了很遠的路來到城裡的時候，卻發現自己忘記帶做好的模子，於是懊惱的他，只好空手回家裡，就這樣沒買成鞋子。

雖然買鞋時，有人好心提醒他說：「你用腳試一試不就行了嗎？為什麼一定要那個模子呢？」

他卻回答說，那個模子是他量了自己的腳以後，好不容易才做好的，所以一定要有那個模子才行。

如此迂愚，連自己的腳和腳的模子哪個最具有意義，哪個屬於「本」，哪個屬於「末」完全都不懂，這樣僵化的思維，缺乏最基本的靈活性和機動性，不論做什麼事都是很危險的。

還有個故事，是關於兩軍打仗時候的變通。

春秋時候，宋襄公為了稱霸諸侯而與楚國交戰，宋軍早已擺好仗陣，而這個時候河對岸的楚國軍隊卻還未渡過河。

按說，在楚軍渡河的時候，宋國軍隊可以發動突擊，一舉殲滅敵軍。然而親自指揮這場戰鬥的宋襄公，卻以為應該等對方渡完河，擺好了仗陣後，才可以進攻，否則便違背了仁義和人道的原則。

可是，等到對方擺好仗陣開戰，宋國軍隊便被打得落花流水，潰不成軍，最終白白地將可以到手的勝利拱手送給了對方，連一聲謝謝的話也沒得到。

更殘酷的是，敵人的刀槍、流箭不長眼睛，以仁義之師自許的宋襄公在此役身受重傷，最後不治而亡。

這些故事和典故所表達的，其實是極爲簡單樸實的道理，卻也容易被忽略，在在提醒領導者應視情況、環境適時進行調整，如果一味僵化不知變通，恐怕只有失敗的分了。

用別人的錢替自己造勢宣傳

談判成功是多種技巧的結合，要別人接受自己的觀點之前，首先應讓對方肯定某種觀點，然後再用自己的觀點取而代之。

《孫子兵法．始計篇》強調制定決策之時必須考量客觀情勢：「計利以聽，乃為之勢，以佐其外；勢者，因利而制權也。」

想要說服別人之時也是如此，唯有利害得失估量準確，對方才會採納自己的建議，最終達成協議。

不管是人際交往，或是商業談判，最艱鉅、最複雜、最富技巧性的工作，就是說服。說服力量綜合了各種因素：聽、問、答、敘等各種技巧，綜合運用後改變對方的初始想法，讓他轉而接受自己的見解。

善於說服的人能使敵對雙方化干戈為玉帛，而拙於說服的人，可能由於出言不遜，而使矛盾更加惡化。

日本的經營之神松下幸之助在企業界起步時，就曾以誠懇和說服取得企業家岡田的配合幫助，使樂聲牌方型電池車燈先聲奪人、一炮而紅。

當時，他決定採用主動出擊策略，為市場免費提供一萬個方型車燈。但是，由於財力不足，松下幸之助便厚著臉皮，希望生產乾電池的企業老闆岡田，能免費提供他一萬個乾電池，配合他實施這項計劃。

「一萬個乾電池價值不菲，要別人跟著自己去冒險，能做得到嗎？」松下不斷思索著如何說服岡田。

後來，松下想妥了一個違反常規的說服方法，便帶著樣品來到東京的岡田家拜訪。他先讓岡田看樣品，然後介紹自己推銷這個產品的策略。

在岡田頻頻點頭讚許之時，松下說：「為了配合這種新型車燈的推廣，希望您能提供一萬個乾電池。」

岡田此時還不知道松下要他免費提供，便爽快答應了。

松下繼續說道：「岡田先生，這一萬個電池，能否免費提供給我？」

一直在小酌的岡田一聽此話，立即呆住，怔怔地望著松下，手中酒盅停在空中，像是凍住了一般，空氣似乎也凝結了。

一旁的岡田夫人此時插嘴說道：「松下先生，我們實在不明白你的意思，能不能請您再說一遍？」

「為了宣傳造勢，我打算把一萬個方型車燈免費贈送，也請您免費提供一萬個電池，一道贈送。」松下不慌不忙地說。

老闆娘一副緊張的表情：「什麼？要一萬個？而且還是免費的？」

這也怪不得她，松下的免費計劃也實在過於離譜。

岡田微突著小腹，緩過氣來驚疑而生氣地說：「松下先生，你不覺得這種厚臉皮的要求有點胡鬧嗎？」

松下處變不驚，鎮定地說：「岡田先生，也難怪您驚訝。但是，我對自己的做法非常有自信，無論如何，我決心要這麼做。但我不會無緣無故白白拿你的一萬個乾電池，我們不妨先談談條件。現在是四月，我有把握一年內賣掉二十萬個乾電池，請您先送一萬個給我。倘若您願意照我們的約定，我就把這免費的一萬個乾電池，裝在方型車燈裡當樣品，寄到各地。」

岡田疑惑地看著松下，問道：「你的想法倒是很偉大，但是，倘若賣不掉二十萬個，你又該怎麼辦？」

「若是賣不出去，您照規矩收錢，這一萬個電池算是我自己的損失。」松下爽直地回答，沒有一點含糊。

岡田夫婦雖然不再言語，氣氛似乎融洽許多，但岡田的態度還沒有轉變。

於是，松下進一步解釋：「我今年三十歲，已屆而立之年，正是努力事業的時候，無論如何，都會拼命工作。我二十三歲獨立創業，到現在已初具規模，這些年來，一直不敢有所鬆懈，我日夜都在想，怎麼做才能做得最好。我到這裡來請您幫忙，就是出於這個目的，請您相信我。」

松下幸之助這番話說得很認真，很誠懇，也很得體，岡田先生覺得他年輕有為，氣宇不凡，於是展露笑容說：「我做買賣十五年，還不曾遇到過像你這樣的交涉方法。好吧，如果你能在一年內賣出二十萬個，這一萬個電池就免費送給你，好好做吧。」

由於方型燈十分暢銷，岡田的電池也成了暢銷產品，不到一年就銷出了二十萬個，而這二十萬個電池的銷售利潤，遠遠超過贈送一萬個電池。

岡田自從生產電池以來，從來沒有遇到過這樣的好景氣，對松下感激不盡。

松下之所以能用別人的錢替自己造勢宣傳，其中最主要的是採取一種超乎常規的說服辦法，變通技巧——要別人接受自己的觀點之前，首先應讓對方肯定某種觀點，然後再用自己的觀點取而代之。

他常常把自己的思想深入別人心裡，引起共鳴，掌握對方心理，步步逼進，使其同意。他沒有半句強迫的言詞，但是，循循善誘之餘，總是叫人心悅誠服。

當然，最關鍵性的一件事是：松下必須有能力和信譽保證兌現諾言，否則就算臉皮再厚，說得再天花亂墜，也無濟於事。

04

越狡猾，越能成為大贏家

一提起耍花招，人們會自然想到商場老手，
因為只有他們最為老謀深算，
耍出來的花招五彩繽紛，
叫人眼花撩亂，捉摸不定，
對手就在不知不覺中落入圈套。

活用自己的絕技壓倒小人

人必須苦心練就一兩手「絕活」，有時它會成為一種很有殺傷力的防禦武器和攻擊武器。

《孫子兵法．九變篇》說：「故用兵之法，無恃其不來，恃吾有以待之；無恃其不攻，恃吾有所不可攻也。」

兩軍對壘之時，千萬不要心存僥倖，指望敵軍不會來犯，而要依靠自己，做好充分準備嚴陣以待。處理人與人之間的複雜關係也是如此，不管任何時候、任何情況都要做好充分準備，才不致讓陰險的小人有隙可乘。

小趙是某黨的工作會主委，以牌技爐火純青聞名。

曾經有朋友問他，為何要花那麼多的時間和精力去鑽研牌技。他神秘兮兮地回答說：「這你就不懂了，你看我好像是在研究牌技，其實，我研究的是對付小人的方法。」

每當有部屬故意扯後腿，或者別人做了不利於自己的事，他都會找適當的藉口約他們打牌。而且，牌局結束時，他都會從容自若地將牌桌上發生過的事，一五一十地指出來。

他能說出在第幾輪誰出什麼牌，這張牌對以後的牌局產生什麼影響。聽者訝異之餘，往往倒抽一口涼氣：「他居然有如此驚人的記憶力，那我所做的一些見不得人的事，他不就記得一清二楚！」

小趙不無得意地對朋友說：「這就是武器，就是撒手鐧。可以挫挫小人的銳氣，助長自己的氣焰。」

日常生活中不時出現這種場景，有的人下棋互不相讓，到最後惱羞成怒，彼此惡言相向。很多人看了不禁感到納悶：不過是下盤棋罷了，爲什麼要把場面搞得這麼僵？

其實，問題就出在這是一種深層的心理反應。

贏家可能在潛意識中認爲自己的智力勝過對方，因而表現出目空一切的態度。至於輸家則認爲自己遭到挫敗，無疑暴露了自己的心理和智力弱點，因而感到自己的人格在某種程度上受到對手戕害，靈魂有種被撕裂的感覺。

因此，人必須苦心練就一兩手「絕活」，有時它會成爲一種很有殺傷力的防禦武器和攻擊武器。

「你看我好像是在研究牌技，其實，我研究的是對付小人的方法。」小趙的這番話確實發人省思。

如果我們都能從這個角度，來看待自己所擁有的「絕活」，我們所受益的，可能要比我們想像的要多得多。

因爲，這些「絕活」就是建立威信、鎮服小人的最佳武器。

威信就好比是七彩的陽光，它會使你的世界變得寬敞、明亮。

如果它變得暗淡的時候，你連同你的世界都將變得虛無……

沉得住氣，才能獲得勝利

在具體的政治和商業活動中，領導者應主動地、自覺地引用「以逸待勞」的戰法，要多動腦筋，沈得住氣，不應浮躁從事。

古往今來的戰爭歲月中，戰爭的最終勝負並不完全取決於兵力的強弱或人數的多寡，很大程度上是取決於人心的向背和軍隊內部的凝聚力。沒有凝聚力就如同一盤散沙，就是外強中乾，一上戰場就一觸即潰，兵敗如山倒。

這種戰例古今有之，可以說不勝枚舉。

秦朝末年，劉邦和項羽貴為兩支起義軍的領袖，但因為兩個人截然不同的性格與領導風格，最終出現了戲劇性的變化。

一介武夫的項羽，自稱「力拔山兮氣蓋世」，他率領強大的兵力專攻秦軍主力，戰無不勝，攻無不克。但是，後來與劉邦交戰過程中，項羽的弱點卻暴露得越來越明顯，他雖武功蓋世，卻不會用人，原本在他麾下的很多名將和謀臣，便因此被劉邦「挖」走，連被他稱為「亞父」的范增百般忠告，他也聽不進去，最後落得眾叛親離。

反觀劉邦，雖然他的兵力不如項羽，但卻善於籠絡人心，知人善任，所以內部較團結，凝聚力強，因而戰鬥力也強。

兩軍對壘中，項羽漸漸由盛轉衰，而劉邦卻漸漸由弱變強，項羽連吃敗仗之後，最後竟在烏江自刎，結束楚漢爭霸的戰爭。

從某些方面說，是軍心的向背和內部的凝聚力決定了這場「楚漢之戰」。項羽的內部渙散，人心思變，實力不斷削減，相對的，劉邦卻擁有著凝聚力與眾志成城的信念，最終贏得勝利。說明了，只要能上下一心，齊力合作，才有獲勝的可能。

此外，《孫子兵法》中也強調：「以虞待不虞者勝。」意指要有事先準備，將各種情況了然於胸，一舉一動都在思慮之內，如此一來，便能細細地張好網、備好繩，等待敵手來自投羅網，這與「以逸待勞」的意思很相近。

在《左氏春秋左傳》裡曾記載著這樣一個戰例。

春秋時期，魯國與齊國作戰，兩軍擺好仗陣，準備廝殺。

當敵方擊鼓指揮軍隊進攻的時候，魯國軍隊卻一動不動，魯莊公有些著急，催促軍師曹劌下令出擊。

曹劌卻分析說：「不用著急，當他們敲一遍鼓的時候，士兵精力充沛，精神激昂，等敲第二遍鼓的時候，士氣就已經有些衰減的跡象了；到第三遍鼓的時候，士氣就已衰竭了。所以，我要等到對方敲第三遍鼓的時候，才一鼓作氣發動攻擊。這樣一來，我方的將士正好發揮精力充沛的優勢，以逸待勞，哪有不勝的道理？」

這就是對「以逸待不逸」的詮釋，在具體的政治和商業活動中，身爲一個領導者，也應主動地、自覺地引用「以逸待勞」的戰法，要多動腦筋，沈得住氣，不應浮躁從事。

努力是爲了掌握更多機會，獲得更高成就，印證自己的價值。

一個人想要成功，除了要知道如何把握機會之外，最重要的是要，在關鍵時刻做出最正確的選擇，而不是任由外界的人事物左右自己的意志。

正視別人渴望獲得尊重的心理

一個高明的領導者必須淡化自己的權勢慾望，正視一般人渴望獲得尊重和賞識的心理，如此一來，才能激起下屬的感遇之心，心甘情願赴湯蹈火。

要想在社會關係中如魚得水、左右逢源，光講究「八面玲瓏」是遠遠不夠的，因爲八面玲瓏只意味著圓滑、鄉愿，連誠心誠意的境界都未達到。

自己若是缺乏誠心、沒有誠意，就不可能從別人那裡得到任何情誼，只能偶爾占點小便宜，但時日一久之後，你就露出小人的廬山眞面目。最後，變得人人躲你，人人怕你，對你「敬鬼神而遠之」。

人情和人際關係的「資源」一旦耗盡，你就變成一條擱淺的巨鯊了，等著被水鷹和食腐動物吃掉。

因此，想要獲得別人善意的回應，與人交往之時，應該要強調「誠心誠意」；只有誠心誠意才能滿足別人渴望獲得尊重的心理。

我們都知道劉備三顧茅廬，請諸葛亮下山爲自己效命的故事。

當時的劉備有如喪家之犬，四處流亡依附別人，連自己的地盤都沒有著落，可以說是身處危亡之境。

但是，他卻有禮賢下士的優點，只要誰有真才實學，或具有某方面的特長，他都會不辭勞苦，親自登門拜訪，把對方奉若上賓。所以，他能找到像關羽、張飛這樣流傳古今的猛將，並以兄弟相稱，結為生死之交。

後來，他到了南陽，聽說諸葛孔明高風亮節，有經天緯地之才，並能運籌帷幄，決勝於千里之外。於是，劉備兄弟三人，一同前去諸葛孔明所居住的地方隆中草堂拜訪，試圖請出這個曠世奇才共謀大計，共創霸業。

可是，身懷奇才的諸葛亮不願輕易許諾，為了考驗劉備的誠意和決心，他故意迴避了兩次，使得隨行的關羽和張飛兩人氣得大發雷霆。

但是，劉備卻仍堅持以誠相待、以誠感人，三顧茅廬之後，終於請出諸葛亮為自己出謀劃策。

最後一次，天空下起了鴻毛大雪，諸葛亮在草堂裡酣睡，劉備等三人靜靜在門外等候。諸葛亮深感劉備誠意十足，最後終於答應輔佐蜀漢，「受任於敗軍之際，奉命於危難之中」，從而為劉備鞠躬盡瘁，死而後已，成為禮賢下士、以誠待人的一段千古佳話。

魅力型領導者懂得如何去吸引別人，並激起他人追隨的慾望。他們各有各的招式，其中的每一招每一式，都蘊藏著神奇的魔力，引誘、迫使追隨者爲他們效力賣命。

許多歷史的典故都告訴我們，身居高位的領導人，若能放下身段，做到禮賢下士，賢能之士就會拋頭顱、灑熱血地回報知遇之恩。

箇中緣由只在於，人人都有一顆自尊心和虛榮心，潛意識裡人人都渴望獲得別人的尊重與賞識。

相反的，如果領導人一味以手中的權力對別人呼來喚去，或是進行要脅逼迫，就會讓人敬而遠之。

正因爲如此，一個高明的領導者必須淡化自己的權勢慾望，正視一般人渴望獲得尊重和賞識的心理，如此一來，才能激起下屬的感遇之心，讓他們心甘情願地赴湯蹈火。

面對困境，更須描繪美麗遠景

領導者必須掌握和準確認識鼓勵與壓力、動力與信心的法則，缺少一個就不能維持運作，而且陷於癱瘓的境地。

日本大榮百貨公司的中內董事長，領導企業在競爭極爲激烈的零售行業中獨佔鰲頭，擁有自己的一片天地，精髓正在於他對人生意義和價値的認知。

中內曾在菲律賓親身經歷過殘酷的戰爭，當時他奉命進攻澳大利亞等國的陣地時，被對方的一枚手榴彈擊中，身體受了重傷而昏迷，差點死去。

雖然，他後來奇蹟般地撿回了一條命，但是在物資極其匱乏的戰時，既沒有醫療藥品，也沒有糧食，只能吃長滿了蛆的小牛屍體，燃燒廢棄的輪胎來煮野菜，最後連牛皮做的靴子也被拿來煮了吃。

當時，凡是能餬口的東西幾乎都被往嘴裡放，同伴們爲了搶一點可憐的食物，甚至互相殘殺。

只要是自己肚子餓了，人什麼事情都可能做得出來，只要自己一打瞌睡，就可能被其他人宰了當食物吃，然而不睡覺又無異於自殺。

究竟要被殺，還是要自殺，這種想法一直困擾著每一個活著的人，使得同伴之中除了自己之外無法相信任何人。

諷刺的是，在這種無法相信別人的情況之下，求生存的唯一辦法就是選擇相信別人，置身在絕對不能相信別人的情況中，卻被迫非得相信別人不可，中內先生就在這種困惑中睡著了。

中內先生體會到，從對人性的不信任到恢復信任，在這種矛盾的心情中，反而讓他看見了人生的眞理。

樂天的中內先生，在這個時候深刻地體會到，人在不得已的情況下，什麼事情都可能做得出來，也因爲這分體會，決心闖出一番人生事業。

他歷經了血與火的洗禮，經歷了人性中最陰暗一面的磨難，卻也增長了別人難以獲得的智慧。

他沒有因爲看到了人類的醜惡而厭倦這個世界，由於對人性沒有失去信心，讓他從中獲得了深刻的啓發，認識到什麼是人生，什麼是人生的終極意義，自己在追尋這種終極意義時應當如何對待人生。

中內先生深深地體會到，只有採取積極而非消極的態度，人的鬥志才能更加根深柢固，人的潛在能力才能夠得到無限發揮。

面對強者如林，而又危機四伏的零售業市場，中內先生加入戰圈之後並沒有退縮，也沒有害怕。他清醒地認識到，既要清楚地認識人性，也要積極地利用人性中有利於解決問題和克服困難的各種因素，只有如此，才能找到自己事業成功的切入口和突破點。

由於大榮公司發展的基礎是「需要的創造與人力的開發」，所以，他花了大量的精力在培育該企業的創造精神和人力資源的調動上。

大榮所培育出來的人才，必須在變化多端、捉摸不定的市場環境中，能夠面對阻力、遭受挫折，即使陷入困境也能毫無懈怠，並能冷靜地思考，全力應對，以智取勝，達到轉危爲安、化險爲夷的目的。

這是大榮公司的生命源泉，中內董事長創造了這樣一個充滿挑戰性的環境，爲的就是要培育人才。

在他看來，最能向時間挑戰的人，就是最具有挑戰性的人，年輕人需要在充滿挑戰的戰場上加以鍛鍊。

因此，在向員工描繪一幅美麗遠景的同時，更爲重要的就是建立一種直接面對危機的環境，從直接面臨困境和危機的那一刻開始，就要有充分的思想準備，產生勇往直前的衝勁，勇敢地面對任何挑戰。

領導者必須掌握和準確認識鼓勵與壓力、動力與信心的法則，它們也可以說就像鳥的兩翼、人的兩腿，更像車的兩個輪子，缺少一個就不能維持運作，而且陷於癱瘓的境地。

沒有一定的壓力和生存競爭，就不能有效地剷除惰性，發揮人內在神奇的潛能；沒有遠景的誘惑，人就會喪失奮鬥的目標，在這樣的情況下，無論一個領導者有多大的能力，都很難讓公司有任何遠景的。

領導者必須清醒地認識，如果只強調危機和危機意識，而荒廢和忽略了遠景，除了會給員工的心理蒙上一層陰影之外，不會帶來任何積極的效果。

意志消沉的隊伍是不會有什麼作戰力的，更遑論在「物競天擇，適者生存」的市場和人生中取得勝利。

情況往往是如此，面對危機和困境，能激發突破的勇氣和信心，通常是美好前景的誘惑力所致。

用心，才能得到別人的關心

人與人之間唯有用真誠的心，才能真正地得到別人的關心和協助，因為你怎麼待人，人們就會如何待你，這就是千古不變的真理。

身爲美國總統的麥金利，每當辭退某個面試者時，都會表現得非常遺憾，並且滿臉憂愁，反而讓求職者對他的爲難模樣感到不好意思。

麥金利還常常透過這樣的舉動安慰來訪的失意者：把自己的胸花摘下來，別在對方的領子上。

有一次，他拒絕了一位勞工領袖的請託，只見那人勃然大怒，麥金利誠摯地對他說抱歉，並且握著他的手問：「你成家了沒？」

勞工領袖說他已經結婚了，這時麥金利從西服上取下一朵荷蘭石竹遞給他，說：「把這個送給你的妻子吧！並向她表示我的敬意和祝福。」

這個舉動立刻使對方平靜了下來，臨走時他對總統笑著說：「我寧願只要這朵花，這已經足夠了。」

麥金利對孩子也是如此，某天下午，總統秘書的兩個孩子來到白宮參觀，麥金利和他們聊了一會兒，就在他們轉身要離去時，他將自己領上的一朵荷蘭石竹取下，送給了大男孩。

這時候，小男孩既生氣又嫉妒地看著哥哥，於是，麥金利馬上從花瓶裡取出另一朵鮮花，先在自己衣服上的飾孔裡插上一會兒，然後再拔出來送給那個小男孩。

過了好幾年之後，這個秘書的小兒子回憶說，他在麥金利總統那裡上了一課待人處世的好方法。

爲人處世需要技巧，交際應酬也要有妙招，才能擄獲人心，當然，更重要是，要先有一顆體貼而眞誠的心。

也許待人處事的道理都很八股，但是，我們既然要在社會上行走，就脫離不了這些處事法則。

當人與人之間需要互動的時候，這些全是我們必須具備的方法和態度，因爲那不僅是我們得以與別人良好相處的方法，同時也是我們在人際關係上「投機取巧」的訣竅。

自然，人與人之間唯有用眞誠的心，才能眞正地得到別人的關心和協助，因爲你怎麼待人，人們就會如何待你，這就是千古不變的眞理。

對付小人要懂得「裝腔作勢」

「絕活」有助於樹立自己的威信。從理論上來看，一個人身懷絕技，又懂得適時運用的人，才是最聰明睿智的。

有的人認爲，只要踏踏實實地做事，老老實實做好自己的分內工作就夠了。殊不知，這種厚道的想法只會使別人將你看成無能的人。

心理學家告訴我們，在很多時候，位居領導地位的人，威信往往是經由「旁門左道」而樹立起來的。

記住，唯有讓你的屬下對你又敬又畏，你才能順利指揮他們，把他們當成向上躍昇的跳板。

老王在某家上市公司擔任副總經理職務。

有一次，他對朋友大發牢騷說，替他開車的司機小李，常常藉口說車子這裡有毛病、那裡有毛病，經常找各種理由把車開去修理保養，每回都拿一疊帳單要他簽字報銷。

他明知道其中有蹊蹺，可又苦於不懂機械，抓不住把柄；而且又不能將他解雇，因為小李是他上司的小舅子。

這位朋友就告訴老王說，這種事其實很好解決，只要略施小計就可以一勞永逸。於是，老王就照著朋友告訴他的主意去做。

第二天，他悄悄地將一塊小石頭塞進汽車發動機的縫隙中。小李將車發動開出不久，老王隨即皺了皺眉頭說：「小李，你停車下去檢查看看，發動機的聲音好像有點不太正常。」

小李仔細一聽，車子行進間確實有細微的異聲，於是下車查看。小李費了一番功夫才發現發動機裡有一塊小石頭，連忙對老王說：「唉呀，原來是一塊小石子夾在發動機的縫裡，我真不小心。」

老王輕描淡寫地說：「以後小心點就是了。」

後來，老王對這位朋友說，這一招真是靈驗，小李以為他對車子的零件和運動原理瞭如指掌，甚至連他察覺不了的細微毛病都知道，從此以後再也沒聽小李說要修車了。

當然，這個例子可能不太貼切，因爲故事中的老王只是「裝腔作勢」，其實他根本不懂機械。不過，這個故事告訴我們——略施小計就能發揮如此功效，那麼，擁有一手絕活，豈不就更能確立你的權威！

因此，你必須記住，「絕活」有助於樹立自己的威信。從理論上來看，一個人身懷絕技，又懂得適時運用的人，才是最聰明睿智的，縱使這種絕活與你所從事的職業並不一定有所關連。

越狡猾，越能成為大贏家

一提起耍花招，人們會自然想到商場老手，因為只有他們最為老謀深算，耍出來的花招五彩繽紛，叫人眼花撩亂，捉摸不定，對手就在不知不覺中落入圈套。

山野叢林中，弱肉強食之戰無所不在。與虎狼相比，狐狸處在弱者地位，卻能生存下來，原因由於牠的足智多謀。

競爭激烈的商場也是一樣，沒人可憐你，你也不能可憐他人。競爭是實力和智慧的較勁，必須選擇自己的必勝戰略，制定對付強手的靈活戰術。

戰爭中使用的戰略，主要在你死我活的廝殺中獲勝。談判也是戰爭，但不是你死我活的殺伐，而是共存共榮的搏鬥。

在談判戰爭中，沒有絕對的贏家，也沒有絕對的輸家，因此，使用的戰略自然與戰爭略有不同。談判的勝敗也與兵家不同，談判過程中，不成交便是失敗，雙方都是輸家；達成交易即是勝利，而且是雙方的勝利。

合作式、共同解決難題的談判戰略，是彼此尋求成功的途徑，求取雙方都能得到利益的最佳結局。

嚴格的敵對式戰略是堅持各自立場、互相設置障礙、互掐喉嚨的戰略；這種戰略對雙方都是一種傷害。

所謂不敗的高明策略，就是合作式談判的過程，化解敵意的僵局，雙方達成期待的協定。

談判高手的高明之處，就在於反敗爲勝，制定不敗的策略。

一提起耍花招，人們也會自然想到那些商場老手，因爲只有他們最爲老謀深算，耍出來的花招五彩繽紛，叫人眼花撩亂，捉摸不定，對手常常不知不覺中就落入他們的圈套。見識一下像狐狸般狡猾的商場老手，應付各種對手的招術，將有助於你的功力。

拉第耶是法國的大企業家，有一回，他專程來到新德里為一筆推銷飛機的大買賣，找拉爾將軍談判。

他幾次約將軍洽談，都沒能如願。最後，他找到拉爾將軍時，在電話裡卻隻字不提飛機交易的事，而只是說：「我以私人名義專程到新德里拜訪閣下，只要十分鐘，我就滿足了。」

拉爾將軍終於勉強答應了。當秘書引著拉第耶走進將軍辦公室時，板著臉囑咐說：「將軍很忙，請勿佔太多時間！」

拉第耶心想對方表現得這麼冷漠，看來十有八、九生意是做不成了。

「您好，拉第耶先生！」將軍一進來，出於禮貌的伸出手，想三言兩語就把客人打發走。

「將軍，您好！」拉第耶表情真摯，坦率地說：「我衷心向您表示謝意，感謝您對敝公司採取如此強硬的態度……」

將軍一時之間被他說得莫名其妙，答不出話來。

「不過，您使我因此得到一個十分幸運的機會，在我生日的這一天，又回到自己的出生地。」

「您出生在印度嗎？」將軍微笑了。

「是的。」拉第耶打開了話匣子：「一九二九年三月四日，我出生在貴國名城加爾各答。當時，我的父親是法國歇爾公司駐印度代表。印度人民是好客的，我們全家得到很好的照顧……」

拉第耶又娓娓談起了童年生活的回憶：「在三歲生日的時候，鄰居一位印度老太太送我一件可愛的小玩具，我和印度小朋友一起乘坐在大象背上，度過了一生中最美好的一天。」

拉爾將軍深深被感動了，當即邀請他說：「您能來印度過生日實在太好了，今天我想請您共進午餐，以表示對您的祝賀之意。」

在汽車駛往餐廳的途中，拉第耶打開了公事包，取出一張已經泛黃的照片，恭敬地展示在將軍面前：「將軍，您看這個人是誰？」

「這不是聖雄甘地嗎?」將軍驚訝地說。

拉第耶唱作俱佳地回答:「是呀,您再瞧左邊那個小孩,那就是我。四歲時,我和父母一道回國,在途中十分幸運的和聖雄甘地同乘一艘輪船,這張合照就是那次在船上拍的,父親一直把它當做最珍貴的禮物珍藏著。這回,我還要去拜謁聖雄甘地的陵墓。」

「我非常感謝您對聖雄甘地和印度人民的友好情誼!」將軍聽了這番話十分感動,親切地說。

於是,午餐在親切融洽的氣氛中進行。當拉第耶告別將軍時,這筆大買賣就已拍案成交了。

拉第耶爲贏得會談的時間,以自己生日爲名義,讓將軍付出更多的時間來招待他。更重要的是,他善於表演、口若懸河,贏得了將軍的信任,爲談成生意達到了關鍵的作用。

可以當好人，但不要當蠢人

當「好人」並不是生存的目的，它只不過是一種手段，只是為了使我們過得更美好、更順利、更成功的手段。

惠特尼曾經寫道：「現實戰場的刀光劍影，永遠比不上人性戰場的刀光劍影來得可怕。」

在這個人人「手中沒劍，心中有劍」的時代，懂得一些爲人處世厚黑兵法，已經成爲保護自己的生存法則。想要讓自己不受到傷害，想讓事情推動得更順利，適時耍點厚黑手法，絕對是在人性戰場屢傳捷報的最佳方法。

和別人往來、互動從來不生氣，不見得是好現象，這樣的人如果不是濫好人，便是無可救藥的蠢人。

人心應該有一半如同蛇般狡詐，另一半則如鴿子般純真，該奸詐時就要奸詐，該純眞時就要純眞。最基本的處世態度，就是原則方面的問題絕對不能輕易退讓。一個人如果不堅持原則，選擇犧牲根本的東西換取一時苟安，也就失去了做人當有的尊嚴和價值。

這樣的人是窩囊、無能的懦夫。

因爲不願意付出代價，只好以犧牲原則作爲交易，以犧牲原則來維持其實價值並不大的東西，無疑是蠢人才會幹的事。

堅持原則是做人最起碼要求，有時也是必要手段。堅持應該堅持的原則雖然可能會得罪別人，或是損害現存利益，但若能維護自己最重要、最應該維護的東西，這不是很值得的事嗎？在衆人眼中，仍然能擁有一個敢於維護原則的好形象，這難道不比當一個被人奚落的「濫好人」更值得嗎？

人生中有些重要原則絕對不可背棄，生命和人格便是其中最重要的兩項。

生命是人的立身之本。一個人失去了生命，什麼事都無從談起。因此，在生命受到侵害的時候，千萬不要爲了當「好人」，連自己的生命都賠進去。否則，連命都沒了，徒留「好人」名聲有什麼意義呢？

當「好人」並不是生存的目的，它只不過是一種手段，只是爲了使我們過得更美好、更順利、更成功的手段。擁有寶貴的生命和充實的生活，才是人生的主要目的。

爲了當「好人」而白白丟掉自己的性命，不能不說是愚蠢的人。

除了生命之外，身爲人最重要的就是尊嚴和人格。當一個人的尊嚴受到傷害時，如果不起身反抗，就是生命向下沉淪的開始，這樣的人將會漸漸受到別人嘲笑、唾棄。

如果一個人在尊嚴受到侵犯和威脅的時候，能夠挺身而出，爲捍衛人格而戰，不介意得罪人，才是受人畏敬的。

給對方一點顏色瞧瞧

為人處世，要保持自己的骨氣，平時應當把刀插入刀鞘，但需要自衛時，也要毫不猶豫地拔刀迎戰。

很多事情一旦超出了應有的「限度」就會變質，正如水在一百度之內仍然是水，可是當水沸騰之後，便變成了水蒸氣一樣。

同樣的，想要當好人，也要有一定的限度。爲了幫助你掌握好「好人」的界限，這裡提供幾個粗略的原則當作參考。

所謂「事不過三」，你可以對同個對象的過錯忍耐一次、兩次，但不可一再退讓。忍讓到一定的程度，就必須有所表示，使對方意識到自己退讓不是因爲害怕或無能，只是出於寬宏大量，警示對方不應再繼續下去。

日常生活中，經常有一些不識好歹的人爲所欲爲、得寸進尺，把同事及其他人的忍讓當成是好欺負，可以佔便宜，因此一而再、再而三地步步緊逼。

對待這種人，經過幾次忍讓，看清了他們的眞面目之後，就不應再忍讓下去，必須適度地給對方一點顏色瞧瞧，並透過正當的方式，勇敢地捍衛自己的權益，使對方認識本身的不是。

讓對方知道厲害的方式和途徑有很多，但目的都只有一個，就是讓對方了解自己眞正的心態。

有些人侵犯別人的利益和權限的時候，由於對方採取忍讓的態度，便得寸進尺，一旦發現了新的目標、新的利益，又會做出更過分的事。這時，身爲當事人不能總是一味忍讓，必須毅然決然予以反擊。

讓人忍無可忍的情況，也經常出現在一些公共場合之中。

有些人以爲別人不認識自己，以後彼此很難有再相遇的時候，認爲自己處於

「匿名者」的狀態中，所以就做出一些過分的行爲舉止。

這些人之所以敢爲所欲爲，是因爲公共場合中，大部份人常常抱著大事化小、小事化無的心態，以及儘量少惹痲煩的心理，對於一些過分的、帶有攻擊性的行爲抱持著忍耐、鄉愿的態度。

如此一來，一方是咄咄逼人，另一方卻想息事寧人，很容易造成某些人不斷膨脹侵犯心理的環境和條件。

爲人處世，要保持自己的骨氣，平時應當把刀插入刀鞘，但需要自衛時，也要毫不猶豫地拔刀迎戰。

05

愛現，就讓他丟人現眼

藉著巧設難題抑制對方的傲氣，設下的難題一定要是對方無法回答的，才能揭示對方的無知，挫弱他的傲氣。

對準雞喉痛快下手

抓住高傲公雞的雞頭，對準要害攻擊，利用對方的弱點將他制服，這種招式往往成效極佳。

《孫子兵法．九地篇》說：「先奪其所愛，則聽矣；兵之情主速，乘人之不及，由不虞之道，攻其所不戒也。」

這段話的意思是說：發動戰爭之時，先攻擊敵人要害之處，那樣敵人必然會隨著我方的步調起舞。兵貴神速，要乘敵軍措手不及之時發起進攻，走敵軍意料不到的道路，攻擊敵軍不加防備的地方。

世界上沒有一個人是十全十美的，難免都有自己的弱點，但通常傲氣滿盈的人都不容易發現自己的弱點。因此，一旦別人抓住他的弱點加以攻擊，就會讓原本高高在上的他清楚看到自己的弱點，瞬間像洩氣的皮球。

日本明治維新時期，英國駐日大使巴克斯是個傲氣十足的人，與日本外務大臣寺島宗常和陸軍大臣西鄉隆盛進行會談時，經常表現出對他們不屑一顧的神態，並且還不時嘲諷寺島宗常和西鄉隆盛。

巴克斯有個習慣，每當碰到棘手的問題時，總喜歡說一句：「等我和法國公使討論之後再回答。」

寺島宗常和西鄉隆盛都發現了他這個習慣，經過一番商量之後，決定逮住這句話攻擊巴克斯，希望能讓他改變這種傲氣十足的行徑。

有天，西鄉隆盛故意問巴克斯：「我很冒昧地向你請教一件事，英國到底是不是法國的屬國呢？」

巴克斯聽了之後立即挺起胸膛，傲慢地回答：「你這種說法真是太荒唐了！你既然身為日本陸軍大臣，就完全應該知道英國絕非法國的屬國，英國是世界最強大的君主立憲國家！」

西鄉隆盛冷靜地回答說：「我以前也認為英國是個強大的主權獨立國家，但現在我卻不這麼認為。」

巴克斯憤怒地質問道：「為什麼？」

西鄉隆盛從容地微笑著說：「其實也沒有什麼特別的原因，只是因為每當我們代表政府和你談論國際上的事務時，你總說要等你和法國公使討論之後再答覆。如果英國是個獨立國家，為什麼要看法國的臉色行事呢？這麼看來，英國不是法國的附屬國又是什麼呢？」

傲氣十足的巴克斯被西鄉隆盛這一番話問得啞口無言。從此以後討論問題時，巴克斯再也不敢傲氣凌人。

西鄉隆盛抓住對方不經意表現出來的習慣，運用智慧巧妙展開攻勢，這就像是抓住高傲公雞的雞頭，對準脖子上的要害處攻擊。利用對方的弱點將他制服，這種招式往往成效極佳。

面對無理取鬧，要有破解技巧

人生時常會碰到一些無理取鬧的人或事，面對不同的難題，有不同的破解技巧，只要能掌握要訣，必將無往不利。

生活中時常會遇到莫名其妙的難題，要從容應付這些情形非得有兩把刷子不可。無論是事出有因或無理取鬧，都必須找出原因，對症下藥。有些難題是彼此之間產生心結導致的，這種狀況可以透過開誠佈公的溝通加以解決。

約翰和漢克在同一個單位工作，是很要好的朋友，經常相約打網球。最近漢克升職，成了約翰的頂頭上司。

本來這是一件喜事，然而在分派工作給約翰時，漢克卻陷入兩難。工作稍微複雜了一些，約翰就抱怨漢克有意難為；工作稍微簡單些，約翰又抱怨漢克不承認他的工作能力。

這究竟是怎麼回事呢？

原來，漢克晉升後，一直沒有和約翰打網球，約翰就認為漢克升官之後瞧不起以前的朋友。

漢克了解這個情況之後，趕緊向約翰解釋，沒去打網球是因為對於新職情況仍不熟悉，一切以工作為主，絕沒有忘記老朋友的意思。

聽了漢克的解釋，約翰才不再介懷。

這種有原因的問題比較容易解決，但有時候，根本找不出對方無理取鬧的原因，那麼不如乾脆置之不理，只要認真做好自己分內的事就好。

有一個企業的某部門員工，大部分是做了十年以上的老手，有一次突然空降一位剛畢業不久的人當主管。老手都很瞧不起這個年輕主管，認為他「嘴上無毛，辦事不牢」。

如果主管徵求他們的意見，他們就說：「畢竟是年輕人，沒經驗，缺能力。」如果沒徵求他們的意見，他們又說：「這麼年輕就自以為是！」

要駁斥老同事的酸言酸語很容易，但是這位年輕的主管並沒有這樣做，只是不動聲色地全心投入工作。一段時間後，這個部門的績效明顯提高，老人們看在眼裡，不得不由衷讚嘆道：「後生可畏。」

如果觸及不論怎麼回答答案都不對，或是都會得罪人的問題時，乾脆不要作答，把問題丟回去給對方。

有兩人競爭經理職位，彼此誰也不服誰。有一天，甲問乙：「如果你最親密的部下犯了嚴重錯誤，比如做非法買賣，事件曝光之前，你會知道嗎？」

乙如果回答「知道」，顯然有包庇縱容之過；如果回答「不知道」，又有用人不當、察人不明之過。面對這個兩難的問題，乙靈機一動，反問甲：「當你處於這種情況時，你會如何解決呢？」

甲只好趕緊岔開話題。

人生時常會碰到一些無理取鬧的人或事，面對不同的難題，有不同的破解技巧，只要能掌握要訣，爲人處世必將無往不利。

冷靜處理，才能順利達到目的

為人處世，遇到衝突是不可避免的，此時唯有待一時激憤的情緒冷卻，冷靜處理所有紛爭，才能順利達到預期的目的。

在錯綜複雜的社會行走，當情緒蓋過理智的時候，難免會與人發生衝突。若是不小心與人產生矛盾的時候，必須要求自己冷靜下來，不要急著馬上處理，或是意圖爭出誰是誰，必須等到雙方的火氣稍微消弭，心平氣和一些時，再進行下一步處理。

唯有如此，才能夠妥善解決人際關係中的許多衝突，有效化解矛盾，實現與人交往的最終目的——互助互利。

矛盾衝突通常是雙方處於情緒激動的狀況下造成的，由於激動，說話、做事往往容易失去控制，此時想用理智戰勝情感，絕大部分人很難做到。

但是，過了一段時間沉澱，等激動的情緒冷卻後，多數人就會恢復應有的理智。

某個部門的一位職員因為內部人事任免的一些問題，和部長發生了爭執。那位職員一時氣憤，直指著部長的鼻子破口大罵。

面對此情況，部長決定暫時不跟他爭辯，等他冷靜以後再談。幾天之後，那位職員對新同事有了進一步的認識，後悔、內疚的心情油然而生，終於主動找部長承認自己過於衝動犯下錯誤，使事情得以順利解決。

這個衝突能夠和平落幕，歸功於部長不在當下急著與職員爭辯，採取讓情緒冷卻的方法，才得以化干戈爲玉帛。

面對興師問罪而來的一方，一味硬碰硬，只會使場面混亂、火爆，造成兩敗俱傷的結局。使用「冷處理」的方式，不僅可以降溫，還可以滅火。

從心理學的角度來說，與人發生衝突時，顯得特別凶狠、音量特別大聲的人，往往是因爲害怕痛處被人發現。

面對這種色厲內荏的人，不必和他一般見識，不妨採取「冷處理」的方式，使他現出眞實面目，然後找出他的痛處作爲突破口，一舉擊敗對方。

一位稅務人員接到舉報，調查一家涉嫌逃漏稅的商店。當稅務人員開口詢問有關情況，老闆不僅大聲指責稅務人員毫無實證，並大罵同行嫉妒他、誣陷他，彷彿是稅務人員沒事找碴，活該被他數落似的。

這位稅務人員從豐富的工作經驗明瞭，越是這種破口大罵的人越有問題，於是選擇不與他正面衝突，只淡淡丟下一句：「是這樣嗎？過幾天我們派幾個人過來調查，再做結論。」

店家老闆聽了這話雖然故作鎮定，但稅務人員已經明顯看出他害怕被調查，便暗中觀察他的一舉一動。經過調查，果眞查出漏稅的證據，商店老闆只得乖乖補稅。

如果稅務人員當時和老闆針鋒相對，難保最終不會落入老闆的圈套，模糊了問題的焦點。

某公司的經理處理一起顧客投訴案：售貨員以自己私下買進的B級服飾混進高級服飾內銷售，坑害顧客。

當經理到櫃台前詢問此事時，售貨員卻反咬一口，大罵投訴的顧客血口噴人。經理見狀，知道當著眾多顧客和他理論，根本調查不出結果，只會損害公司的商譽，於是約他下班後到辦公室面談。

當這位售貨員見到經理桌上放著的衣服、他親手開具的票據和顧客的陳述資料時，原先設計好的一切說詞全崩解了。

經理待他看完這些資料後問他：「關於這件事的後果，我們已再三叮嚀告誡，今天也用不著再多說了，你自己看怎麼辦？」

售貨員經過一番思索後，表示願意立即登門賠禮道歉，退還購買服裝的錢，清除其他非法引進櫃台的私貨。經理又要求他在商場門前貼出告示，讓其他的受害者來退貨領款，並罰款二萬元，行政上還將給予警告處分。這些處分在毫無反對意見的情況下通過了。

很多時候衝突是不可避免的，唯有待一時激憤的情緒冷卻，冷靜處理所有紛爭，才能順利達到預期的目的。

勇敢表達己見，才不會被人看扁

一個人若從不生氣、沒有任何情緒，與其說是人，不如更像稻草人。只有稻草人才會毫不反擊地任人擺佈。

人應該適度地嶄露出鋒芒，雖然不必像刺蝟那樣全副武裝、渾身帶刺，至少也要讓那些凶猛的動物們感到無從下口。

如果你是一個從不發火的人，對於有損自己權益的事，務必勇敢進行一次真正的反抗，讓人不敢小看你，改變受氣包的形象。

某大學的一個班級裡，有一位學生比較膽小怕事，遇事總是過分忍讓，因此，雖然班裡絕大多數同學對他並無惡意，但不知不覺中總是把他當作是理所當然應該犧牲個人利益的人。

分電影優待票之時，他的票總被別人拿走，平時總是被分配打雜、出公差等任務……但實際上，他的心裡非常渴望與別人一樣，得到屬於自己的那份利益與歡樂。

由於他的軟弱和極度的忍耐，這種事情持續了很久。有一天，有一場十分精采的表演又沒有他的票，他再也忍無可忍，一向木訥的他終於爆發。

他臉色鐵青，激動的聲音使所有人都驚呆了。雖然那場表演的票很少，但是這位同學還是在沒有人敢反對的情況之下拿走了一張票，摔門而去。

後來的日子，大家對他的態度自然好多了，再也沒有人敢未經他的同意輕易奪走他的權益。

人都有惰性和奴性，往往只要屈服過一次，就會一而再、再而三地屈服下去。因此，選擇適當的時機在人前顯露勇氣，是不可忽略的處世智慧。

不要讓自己成爲他人的受氣包，一旦受到不合理的待遇就應該果斷地採取行動迎頭痛擊。

柿子多揀軟的吃，人們發火生氣的時候，也往往會找那些軟弱善良的人發洩，因爲他們知道，這樣做並不會招來什麼值得憂慮的後果。

我們生活周遭到處都有這樣的可憐蟲，不只是外表看起來軟弱可欺，最終也必然會被人騎在頭上。一個人表面上的軟弱，事實上是助長和縱容了別人侵犯你的慾望。

許多人選擇忍氣吞聲的生存方式，往往是由於他們患得患失、怕這怕那，發動抗爭之前，自己先嚇倒了。

適時挺身而出，捍衛自己的正當權益，其實是再自然不過的事。只要能跨過這道門檻，你就會發現，世上沒有什麼事情無法解決。

卸掉了精神層面的包袱，反而會活得更加自在。

不敢進行第一次反抗，就不會有第二次反抗發生，你永遠不知道勇敢做自己的滋味有多麼美好，永遠都是受人欺凌的可憐蟲。

有了第一次反抗，嚐到其中的美妙，自然就有動力進行更多次的反抗。久而久之，你就會修正自己的思考、行爲和社會交往方式，由一個甘心受氣、只能受氣的人，變成不願受氣的人。

一個人若從不生氣，不敢表達任何情緒，與其說是人，不如更像稻草人，事實上，也只有稻草人才會毫不反擊地任人擺佈。這種人的怯懦不是由於痲木，通常是因爲膽小。

唯有在關鍵時刻勇敢表達自己的強烈感受，並且立即付諸行動，才會使自己受到應有的尊重。

一味討好，只會替自己製造困擾

人際交往應當注重禮貌，尤其是初結識的朋友。然而過度的客氣往往像一道無形的牆，隔斷雙方進一步的交流。

一味討好別人，總是順著他人的心意做事，事實上是很危險的，也無助於營造出和諧順暢的人際關係。爲人處世要懂得適時說不，不要太過於講究禮節，太多自責以及過多的謙讓。

有些人對別人的要求或命令都採取同意、順從的態度，只因爲不願讓別人失望，害怕因此激起請求者的惱怒和怨恨。他們總是透過這種行爲模式，塑造和維護自己「好人」與「能人」的形象。

他們覺得「不」是一種對別人的排斥和否定，想與人和平相處，「不」就是一個禁忌。長久如此，他們不懂得說「不」，甚至到了眞正想說時，也已經不知該如何說了。

是否一味地迎合、滿足他人的要求，就能營造出和諧順利的人際關係呢？當然不是，由於不懂得拒絕而言不由衷地點頭答應，事後必然會爲勉強承諾而自陷困擾。

例如，接受自己並不願意去的邀請，買一些根本不需要的商品，陪人毫無意義地聊天，忍受爲自己造成許多不便的來訪，做那些違背自己原則的事……這些事你勉強做著，滿懷厭煩和沮喪地做著，無形之中厭煩、沮喪就會損害你的人際關係。

另一方面，還會因此在生活中的大部分時間裡都感到煩惱、失望和內疚，感覺自己無力主宰生活，用一副虛僞的面孔，不停說著謊話。你的形象如此蒼白可憐，以這種形象與人交往，又怎能討人喜愛呢？

有的時候，明知道不能辦到卻硬著頭皮承諾下來，不但浪費了自己大量的時間與精力卻無濟於事，也很容易招致朋友的惱怒，因爲你的付出反而耽誤了別人的事。

人際交往應當注重禮貌，尤其是初結識的朋友。然而，過度的客氣往往像一道無形的牆，隔斷雙方進一步的交流；不敢說「不」的人，很多時候只是在替自己製造麻煩。

人與人的交往，貴在知心，經過初步的交往後，便應該省去拘謹和種種規矩，坦然表露自己的所思、所感、所求。

這樣一來，對方就會覺得你完全是用「自己人」的態度相待，雙方的交往將變得融洽無間。

「想要別人怎麼對待你，就應當怎樣對待人。」這句交友格言提醒我們，如果老是把對方當成客人，對方也不會把我們當成親近的自家人。

如何教訓狗眼看人低的人？

對付傲慢的人不宜委曲求全，應該抓住他的要害、弱點狠狠地教訓一頓，讓他知道狗眼看人低必須付出的代價。

在人際交往中，有些狗眼看人低的人往往會以自己的身分、地位、學識、年齡……等優勢表現出一股傲氣，動不動就對他人表現出蔑視的態度，或者大肆攻擊對方，有的甚至還恣意侮辱他人。

這種人的行爲勢必會造成別人的不愉快或者嚴重影響他人的情緒，因此，必須適時加以控制，不能放任他們惡性發展。

那麼，該如何對付這種傲慢的人呢？

與傲慢的打交道，不妨採取「禮尚往來」的作法，即以不卑不亢的態度穩穩抓住對方的要害，並直接指明，如此一來，就能打掉他一向賴以驕傲待人的本錢，不再端著高高在上的架子，而把你放在平等的地位對待。

一九〇一年美國石油大王洛克菲勒的兒子小約翰．戴．洛克菲勒，代表父親與銀行家摩根談判關於梅薩比礦區的買賣交易。

摩根是一個傲慢專橫且具有高度支配慾的人，不認為有誰能夠與他站在平等的地位上。

當他看到年僅二十七歲的小洛克菲勒走進他的辦公室時，故意對他視若無睹，繼續與一位屬下談話，直到有人通報介紹之後，摩根才對年輕且外型並不挺拔的小洛克菲勒瞪著眼睛大聲說：「你們想要什麼價錢！」

小洛克菲勒並沒有被摩根的盛氣凌人嚇倒，反而直視著摩根，禮貌地答道：「摩根先生，我想一定有某些誤會。不是我到這裡來兜售，相反地，我的理解是您想要跟我購買。」

老摩根聽了年輕人的這番話，一時之間反應不及，沉默思考了片刻之後，一改原本高傲的口氣。

經過溝通談判之後，摩根答應了洛克菲勒開出的售價。

這次的對談交流，小洛克菲勒之所以能夠改變摩根的態度，是因爲他抓住了問題的關鍵——摩根急於買下梅薩比礦區，因此能夠出其不意地直接攻破對手的要害，同時也展現對壘的勇氣，因此才能獲得平等往來的尊嚴，使對方意識到自己應認眞地對待，讓交流的過程平順地進行。

對付傲慢的人不宜委曲求全，應該抓住他的要害，弱點狠狠地教訓一頓，讓他知道狗眼看人低必須付出的代價，除此之外，更能讓他體會到你的厲害，再也不敢傲慢造次。

愛現，就讓他丟人現眼

藉著巧設難題抑制對方的傲氣，設下的難題一定要是對方無法回答的，才能揭示對方的無知，挫弱他的傲氣。

有些人自恃知識豐富，閱歷廣泛，因而目空一切，打從心底瞧不起別人，時常表現出一股不可一世的傲氣，而且一有機會就想賣弄才學。想對付這種滿臉傲氣的人，其實只要巧妙地設置一個難題，就可以抑制他的傲氣。

因爲，不管他的知識多麼豐富，閱歷多麼廣泛，在這個大千世界裡，所知仍然只是九牛一毛，只要讓他發現自己事實上也存在著知識上的缺陷，那份傲氣自然就會瞬間消散。

在一次國際會議期間，一位西方外交官非常傲慢地對中國代表提出了一個問題：「據說，閣下在西方停留了一段時間，不知是否對西方有了更多開明的認識。」很顯然地，這位西方外交官以傲慢的態度嘲笑中國代表的無知。

中國代表淡然一笑回答道：「我從二十年前開始就在巴黎接受高等教育，對西方的了解可能與在座的各位相差不了太多。不過，我想請問您，您對東方又有多少程度的了解呢？」

對於中國代表突如其來的提問，讓那位外交官茫然不知所措，瞬間滿臉窘態，傲氣蕩然無存。

中國代表提出的問題，那位自以爲知識豐富而滿身傲氣的外交官自然無法回答，因爲他對於東方的情況一無所知，因此不但沒有因爲高傲無禮的質問展現自己豐富的知識，反而曝露自己的無知，當然就像鬥敗的公雞，不可能繼續存在著傲氣。

整治愛現的人，最有效的辦法就是讓他丟人現眼，殺殺他的威風。

無疑地，如果希望藉著巧設難題抑制對方的傲氣，設下的難題一定要是對方無法回答的，唯有如此才能揭示對方的無知與缺陷，挫弱他的傲氣。

如果設置的問題對方能夠輕鬆對答，那麼不僅無法達到目的，反而會更加助長傲氣，使自己陷入更加難堪的處境當中。

此外，必須注意的是，運用這種方法對付高傲的人，目的是爲了改變影響人際關係的不正常因素，促使對方以正常的態度與人交往。

因此，運用這些方法時，一定要抱著「與人爲善」的心態，當對方丟人現眼的時候，切記不可以乘勝追擊，出言嘲諷、譏笑，甚至侮辱他人的人格，否則就會與原本的目的背道而馳。

想受人崇拜，要先有內在

崇拜取決於一個人有沒有值得他人尊重的特質，巧取豪奪絕對達不到目的，必須名副其實，且耐心等待。

具有驕矜之氣的人大多自以爲高人一等，認爲自己很了不起，能力比別人強，看不起他人。由於驕傲，往往聽不進別人的意見；由於自大，往往做事專橫，輕視有才能的人，看不到別人的長處。

想要改變這些人，關鍵就在於必須讓他們忘記自己的地位，不要總是把自己置於在他人之上，覺得自己高人一等。

身居高位的人若放不下架子，忘不了自己的地位，就聽不到下級或群衆的意見，就會自己孤立自己。越是擺架子，越是挖空心思想得到別人的崇拜，就越不能得到。

崇拜取決於一個人有沒有值得他人尊重的特質，有無謙虛若谷的胸懷。裝模作樣絕對達不到目的，必須名副其實，才會累聚人氣。

擔任重要職位的人更需要具備相對的器量和風範，不應高高在上，傲慢待人；受到衆人尊敬，也應該是由於本身具有足夠的條件讓自己當之無愧，不是因爲自己的職位及其他外在因素。

據《戰國策》記載，魏文侯的兒子太子擊在路上碰到文侯的老師田子方，太子擊下車跪拜，田子方卻不還禮。

太子擊不禁勃然大怒說：「真不知道是富貴者可以對人傲慢無禮，還是貧賤者可以對人驕傲？」

田子方說：「當然是貧賤的人可以傲慢，富貴者怎麼敢對人驕傲無禮？國君對人傲慢會失去政權，大夫對人傲慢會失去領地，貧賤者計謀不被人所用，行為又不合當權者的意思，大不了就是收拾行囊離開，反正到哪裡都是貧賤。難道還會害怕貧賤，害怕失去什麼嗎？」

後來，太子擊見了魏文侯，告訴他遇到田子方的事，魏文侯感嘆道：「沒有田子方，我怎能聽到賢人的言論？」

富貴者、當權者心中往往比一般人容易產生驕傲的情緒，看不起地位不如自己的人。但是，擁有權力的人，如果不懂得禮賢下士、虛心受教，就可能因爲自己的驕矜而失去權力，擁有財富的人則可能因此失去財勢。

在現實社會中，有的人獲得成功之後便居功自傲、狂妄自大，倘使不知道反省、節制，輕則會產生驕傲自滿的心理，重則驅使人做出失當違法的行徑，與成功背道而馳。

謙虛才能累積實力

驕傲使人變得無知。那些自以為是、沾沾自喜、自高自大的人，通常目光短淺，猶如井底之蛙。

驕傲自滿會使一個原本智勇雙全的人迷失了理智，會讓原本聰明的人無法鑑別敵手的實力，只會一味陶醉於自己目前的境界。

你的對手就希望你像膚淺的半桶水一樣開心地叮噹作響，那麼他正好可以伺機超越你或攻擊你。

自滿自得是一種無知，無知的人最多只能得到無知的成就。

驕傲往往和才能成反比，越謙虛的人越能累積實力。正如大才樸實無華、小才華而不實一樣，眞正擁有値得驕傲才能的人往往謙遜平和，只擁有雕蟲小技的人卻總是喜歡露出一副不可一世的傲慢嘴臉。

其實，眞正相信自己的人很少，有些人的自信只不過是一種「自大的盲目」，似乎在潛意識裡知道自己內心的空虛，所以極力避免看透自己，總是維持虛假的充實。

眞正有自信的人必定是有勇氣正視自己的人，這樣的自信也必定和了解自己的實力密切聯繫。

事實上，幾乎所有偉大的天才都並非天性自信的人，相反地倒有幾分自卑，他們知道自己的弱點，爲此感到苦惱，不肯屈服於這個弱點，於是奮起自強，反而造就令人驚訝的業績。

驕傲使人變得無知。那些自以爲是、沾沾自喜、自高自大的人，通常目光短淺，猶如井底之蛙。狷狂、傲慢的反面是謙遜，謙遜是戒除狂傲的對症良藥。眞正的謙虛不是表面的恭敬、外貌的卑遜，而是眞正了解狷狂的害處，發自內心的謙和心態。

關羽出師北進，俘虜了魏國左將軍于禁，並將征南將軍曹仁圍困在樊城。這時，鎮守陸口的吳國大將呂蒙回到建業，稱病休養，年輕部將陸遜前去看望，兩人談論起國事兵事。

陸遜說：「關羽節節勝利，不斷立下大功，更加自負自滿，現在聽說你生病了，對我們的防範很有可能鬆懈下來。他一心只想討伐魏國，如果此時我們出其不意地進攻，肯定打他措手不及。」

聽了陸遜這番話，呂蒙立即向孫權推薦陸遜代替自己前去陸口鎮守。

年輕的陸遜一到陸口，馬上就寫信給關羽：「您巧襲魏軍，只付出極小的代價便大獲全勝，立下顯赫戰功，這是多麼了不起的事！敵軍大敗，對我們盟國也十分有利。我剛來此地任職，沒有什麼經驗，學識也淺薄，一直很敬仰您，所以懇請您指教。」接著又吹捧關羽：「以前晉文公在城濮之戰中立下的戰功，也無法與將軍的戰略相比。」

陸遜的謙卑態度和吹捧詞語使關羽更加自滿，對吳國更加鬆懈放心。但事實上，陸遜正暗中調兵遣將，等到備妥擊敗關羽的條件之後便揮軍進攻，導致關羽敗走麥城。

懂得自我克制，明瞭如何應對進退，知道自己不如別人的地方，並且虛心接受別人的批評指正，才能成就大事。

如果一個人驕傲自滿、狂妄自大，即使是親近的人也會感到厭惡。我們不難見到，古今中外那些創建輝煌事業的人，都時時心懷自滿招損的戒懼，普通人就更應該克制自己狂妄、自傲的心態。

但是，並沒有多少人明白這個道理，即使像關羽如此智勇雙全的人也有驕傲自滿的時候，這個弱點導致他最後兵敗身亡。

滿招損，謙受益，不驕狂、不自滿，才能提升自己的處世修爲。謙虛的人必然能夠博採衆長充實自己，還會自覺地改善、提升自己的實力。

06

有時候不妨「騙騙」自己

做人的最高技巧是在適當的時候「騙騙」自己，凡事多往好的方面想，遭遇困難的時候才能激發自己的潛力，從容面對。

搶先一步才能致富

「先發制人」是指比對方搶先一步，也就是「以快打慢」的策略，至於怎麼打？那就得看看要你要打的是什麼人，身處的環境又是如何了。

《孫子兵法．九地篇》說：「帥與之深入諸侯之地，而發其機，焚舟破釜，若驅群羊，驅而往，驅而來，莫知所之。」

意思是說，將帥一旦掌握了絕佳機會，率領軍隊深入敵人的土地，要使軍隊像射出的箭一樣迅猛異常、飛快行進。而且要向像驅趕羊群那樣，趕過去、趕過來，如此才能激發他們的戰鬥力。

這番話運用在掌握機會發財致富，也是相同的道理。平常就要尋找契機；一旦掌握了絕佳機會，就要讓它們爲自己創造出更多利益。

佐佐木基田是日本神戶的一位大學畢業生，畢業後在一家酒吧打工時，遇到一位中東來的遊客阿拉罕，兩人說話很投機，於是阿拉罕慷慨地送給他一個相當精緻而且奇妙的打火機。

這個打火機巧妙之處在於：每次點火，機身便會發出亮光，並且隨之出現美麗的圖畫；火一熄滅，畫面也就消失。

佐佐木反覆把弄、玩味，覺得十分美妙、新奇，便向阿拉罕打聽這種火機是哪裡製造的。

阿拉罕回答他是在法國買的。

佐佐木靈機一動，心想要是能代理銷售這種產品，一定會受到很多人，尤其是年輕人歡迎，肯定能賺一大筆錢。

他一面想，一面立即行動，想辦法找到法國打火機製造商的地址，然後寫信接洽，十分懇切地要求代理這種產品。最後，他花一萬美元獲得了這種打火機的代理權。

當時，日本也有幾個商人想取得這款法國打火機的代理權，萬萬沒想到，竟然讓名不見經傳的佐佐木捷足先登了。倘若佐佐木沒有「先發制人」，他很可能競爭不過其他有代理商品經驗的商人。

在推銷打火機的過程中，佐佐木不停地思索。受這種神奇打火機的啟迪，他的靈感再次觸動，想到了製造成人玩具，於是下決心發展成人玩具事業。

他從探究法國打火機的訣竅入手，先掌握製造的竅門，然後再進行改造，並且由打火機推及到水杯，設計製造了能夠顯示漂亮畫面的水杯產品，大受日本人歡迎。

他製造的水杯，盛滿水時便出現一幅美麗逼真的畫面，隨水位不同，畫面也會產生不同變化。消費者用這種杯子品茶閒談，簡直是一種享受，因而都對這種杯子愛不釋手。

佐佐木積累資金後開了一家成人玩具廠，專門製造打火機、火柴、水杯、圓珠筆、鎖匙圈、皮帶扣……等具有奇妙特色的產品。這些產品市面上不是沒有，但佐佐木總是領先別人一步，或在某項功能或某種款式上下功夫，做到「人無我有，人有我好」的程度。

奇妙的打火機引導著佐佐木走上了神奇的致富之路。

他憑著才氣和靈活的頭腦，赤手空拳闖天下，終於由一個窮學生變成了腰百萬貫的富翁。

「先發制人」是指比對方搶先一步，也就是「以快打慢」的策略，至於怎麼打？那就得看看要你要打的是什麼人，身處的環境又是如何了。

「先發制人」往往勝算要大些。尤其是面對偶然的機遇，你更要搶先一步，因爲時機不會等人！

許多人在人生的旅程中遭遇失敗，並不是他們的能力不足，或是時運不濟，而是看不見自己的缺點，又聽不進別人的建言。

這樣的人，往往只會自我欺騙，自我安慰，沈迷於自以爲是的幻想中，遭遇失敗後又不知道如何發憤圖強，最後只能感慨自己「懷才不遇」了。

巧妙地擴大顧客購買力

一個售貨員在適當的時間和場合，使用必要的幽默和建議，可以創造出顧客樂於接受的推促力量，使他的購買量增加。因為，幾乎沒有人不喜歡幽默。

《孫子兵法．作戰篇》說：「夫鈍兵挫銳，屈力殫貨，則諸侯乘其弊而起，雖有智者，不能善其後矣！」

我們經常見到商家為了搶生意而和對手進行削價競爭，甚至進行消耗戰。這種錯誤的手法只會使雙方財力物力枯竭，讓其他競爭者乘虛而入，即使經營者再高明，也無法妥善地處置這種災難性後果。

經營者必須明白，削價只是吸引顧客上門的手段，而不是競爭的目的。想要擴大顧客的購買力，還有其他妙招。

下面，是兩個銷售人員巧妙推銷商品的小故事。

這天，一位顧客走進一家商店買香腸，當店員問他買多少時，他回答說：「就買五十克。」

店員聽了，用幽默的口吻說：「拜託，能不能再多買點？我可不想把我的手指切掉。」

顧客被逗笑了，在談笑中決定買兩百克的香腸。

由此可見，富有幽默感的交談，也可以擴大銷售量。一個售貨員在適當的時間和場合，使用必要的幽默和建議，可以創造出顧客樂於接受的推促力量，使他的購買量增加。因爲，幾乎沒有人不喜歡幽默。

從前，有一位外國商人在德國開了一家鞋店，每個星期天的生意都很興隆。但是，後來德國的新法律規定：百貨商店星期天營業是違法行為，為此，這個外國商人頗為苦惱。

他苦思苦想了好一陣子，終於想出了一個應變的好辦法——在鞋店隔壁又開了一個水果店。

根據德國法令，水果屬於容易腐壞的商品，可在星期天販售。這個商人把蘋果的價格定為一公斤六十馬克。起初，顧客們看到這個價格大吃一驚，因為實在貴得太離譜了！可是，顧客們隨即就轉為驚喜，發出會心的微笑，因為蘋果店旁邊立著一塊牌子，上面寫著：「每購一公斤蘋果，免費贈送一雙鞋。」

眞是太精采了！店主把鞋子的價格加在蘋果裡，既「遵守」法律規定，又大賺其錢。

上面兩個巧妙地擴大顧客購買力的小故事，想必對你的商務活動會有些啓示，你不妨嘗試看看，說不定會使你的生意興隆呢。

至少要把部屬的意見否決一次

自己的意見即使跟部屬的意見完全吻合，十次中至少要把部屬的意見否決一次。如果這個部屬唯唯諾諾地退縮，你就不能優先考慮他的晉升。

日本「駿河」銀行負責人岡野喜一郎曾經說過：「回顧我的一生，幹得舒適、很輕鬆的是擔任董事的那一段時期。那時候，想說什麼就說什麼，不必有所顧忌。但是，當了總經理就不同了，不管說什麼話都要很慎重，否則必然引起麻煩。如果你對這樣的工作感到不自在或受不了，你最好別當最高階層的經營者。」

確實，經營者最大的顧忌，就是在任何場合下說話都要考慮周到，以免引起軒然大波。

譬如，經常讚揚同一個部屬，其他的人就誤以爲你偏袒他、寵愛他。

此外，輕率地大談自己「理想的人物」，也應該嚴禁。

有人問日本製作所社長吉山博吉，怎樣才算是理想的人物，他回答說：「所謂的英雄豪傑，本來就有個性強烈的一面，因此，不一定會受到所有的人讚許。就因為這個緣故，他們才有凡人所沒有的魅力。以我目前這種職位的人來說，如果舉出我心儀的英雄豪傑，討厭那些人物的人將作何感想？身為社長，最大的任務就是像個交響樂團的指揮，使整個團體發揮綜合性的力量，絕不能使這個團體發出些許不諧和的音調。」

正因爲如此，吉山博吉每次被問到「心目中最理想的人物」時，總是答以「無可奉告」。

山形相互銀行社長澤井修一，很重視在社會上耳聞目睹的經驗之學，他常舉出「經營三秘」：

- 當了社長，五年之內少說自己的意見。

• 即使自己的意見是一百分，部屬的意見是七十分，在不影響大局的範圍內，要儘量採納部屬的意見。

• 自己的意見即使跟部屬的意見完全吻合，十次中至少要把部屬的意見否決一次。如果這個部屬唯唯諾諾地退縮，你就不能優先考慮他的晉升。

澤井修一認爲，不偏袒任何人，以一視同仁的精神關愛所有的部屬，這是經營者應有的態度。一顰一笑都要愼重，然後儘量做到「一視同仁」的境界，這樣才是具備了「王者之風」。

對商界朋友，尤其是擔任著較高職位的人而言，岡野喜一郎、吉山博吉、澤井修一的經驗談肯定是很好的借鏡。

聰明絕頂的人只是「三等人物」

呂新吾說：「深沈厚重，魅力十足，這是第一等的大人物；不拘細節，磊落豪雄，實力超乎眾人，這是第二等；聰明絕頂，辯才無礙，這是第三等人物。」

單憑身分、地位或外貌就輕信別人是人性的重大弱點之一，如果不設法加以改正這種缺點，往往會使自己蒙受損失。

與人交談或交涉之時，必須從對方的說話方式研判他的性格特徵，採用最恰當的應對方式，才能事半功倍。

在社交場合或商務活動中，免不了要與形形色色的人打交道，自然在心中會對各色人等做出評判，然而，若是有人問起「一個人的魅力究竟在哪裡」時，你該怎麼回答呢？

這個問題並不容易回答，一時之間也難以說得一清二楚。

魅力的確是存在的，但世界上多得是虛假、短暫的魅力。

明末碩儒呂新吾（呂坤）對這個難以言喻的「魅力」下了快刀一語。

他在《呻吟語》裡說：「深沈厚重，魅力十足，這是第一等的大人物；不拘細節，磊落豪雄，實力超乎眾人，這是第二等；聰明絕頂，辯才無礙，這是第三等人物。」

機靈透頂，人人稱讚的所謂「才人」，在呂新吾眼中只能列爲第三等人物。

這是什麼緣故呢？

日本經濟團體聯合會會長土光敏夫說：「人的秘訣在於不斷跟對方白刃相交。我每天都跟形形色色的人白刃相交，所以，這個人的實力超過傳聞，或是那個人的實力不如謠傳那樣，都能夠辨識清楚。這就像動物的嗅覺一樣，時日一久，自然而然成為一個人的第六感觀。」

土光敏夫在商場打滾那麼久，說得那麼信心十足，究其緣由，完全是根據呂新吾的這些評語而來。

的確，身爲經營者，必須能夠明辨眞假、誇大或是虛張聲勢；自己要喜怒不形於色，卻能善於觀察對方的神色、語氣等微妙的變化，從中探析對方眞正的意圖。唯有先天上具有這種優異能力的人，或是後天精於此道的人，才有資格領導別人。

從這個觀點上說，《呻吟語》無疑是觀人術的指標。

你在商務社交中，可要細細觀察，找到眞正值得交結的人，倘若能找到一個願意與你共生死的朋友，對你的人生而言，是一種幸運。

亮出你的獨特風格

風格是沒有什麼原則可以界定的，有些人正是因為違反了或超越了某種規律，或擁有某種缺陷，而形成了自己的風格。

有一位合唱團的女孩子，長得十分動人，聲音又很高很亮，讀譜的能力和對樂理的瞭解都不錯，但是，她卻無法獲得觀衆肯定，只能在合唱團裡唱歌。

然而，同個合唱團出身的某歌星，長相普通，嗓音條件也高不過那位唱合唱的女孩，但卻擁有大量的歌迷。

這是爲什麼呢？原因就在於：一個人是否有自己獨特的風格。

獨特的風格不見得是由十全十美的東西集聚而成的，有些獨特的風格還是缺陷的組合。但是，他們卻因獨特的風格而出名了。

由此可見，風格是沒有什麼原則可以界定的，有些人正是因爲違反了或超越了某種規律，或擁有某種缺陷，而形成了自己的風格。尤其是藝術家的獨特風格，魅力會鮮明地留在觀衆的心目之中。

美國有一位著名的模特兒，是被一位毫不突出的男人從鄉下提攜出來的。

當有人問提攜她的男人如何慧眼識英雄時，他回答說：「雖然她並不很漂亮，但當我帶她走進擁擠喧鬧的場合時，發現大家都在看她，於是就知道她有一種特殊的吸引力。」

這種特殊的吸引力，就是每個成功人士的重要條件。所以，周遭的朋友中，如果有一個人脫穎而出，我們不應該拿某些條件來衡量他，甚至說「我在某某方面比他強」之類的話，而應該去發現他在整體表現上所流露的特質，並且努力找尋出自己平凡和平淡的地方，進而改進，建立自己的風格。

這樣一來，我們的成功也將指日可待。

有時候不妨「騙騙」自己

做人的最高技巧是在適當的時候「騙騙」自己，凡事多往好的方面想，遭遇困難的時候才能激發自己的潛力，從容面對。

引起自卑感，或者令人暫時失去自信心的情緒，是由於我們心裡產生了「受壓抑」的感覺，這種感覺有時也會使平常頗有自信心的人感到進退兩難，甚至大出洋相。

自己覺得「受壓抑」和「不自在」的現象在很多情況下都會發生。例如：

- 你剛參加一個社團，今天是你第一次參加他們的研討會。你是剛入門的「後生晚輩」，其他成員則都是事業有成的前輩。

• 你暗戀某個心儀的對象已經很久了，今天打算鼓足勇氣，向她傾訴自己對她的愛慕之意，但是，他的身邊不時圍繞著許多追求者，你擔心會被拒絕。

• 你今天必須在公司的業務會議上提出一項新企劃，而你估計很多人可能都會反對這項計劃。

相信在上述情況下，即使是平常充滿自信心的人都免不了會忐忑不安患得患失，如此一來，壓抑感便會從心底產生，嚴重的話更會使你的「演出」失常，小則出洋相，大則慘遭失敗。

壓抑感是一種心病，必須用「心藥」來醫治。

第一種情況下，你的壓抑感來自心裡盡想著自己身為晚輩，又是個名不見經傳的無名小卒，擔心已有成就的前輩們會瞧不起你。第二種情況下，你擔憂心儀的對象拒絕你的愛意，以後連做朋友的機會都沒有。第三種情況下，你擔心企劃案會被同事駁斥，會在上司面前丟臉。

你所擔心都是尚未發生的事，而且這些「狀況」，其實都只是你假設「可能會發生」而已，事實未必如此。很可能前輩們認爲你後生可畏，充滿潛力；心儀的對象面帶微笑，羞赧地點頭同意與你交往；同事們一致通過你的企劃，並且上司也露出讚賞的笑容。

壓抑感很多時候只不過來自你「假設的某種不利情況可能會發生」，這種假設僅僅是你的負面想像，其實根本並沒有往壞處想的必要。如果你因爲這種壓抑感而深受困擾，那就是作繭自縛。

做人的最高技巧是在適當的時候「騙騙」自己，凡事多往好的方面想，遭遇困難的時候才能激發自己的潛力，從容面對。

在適當的時候「騙騙」自己，並不是要你自欺欺人，而是強調，既然尙未發生的事結局會如何，都只是我們的臆測，那麼，我們爲什麼不多往好處想想，然後信心百倍地去辦事呢？爲什麼老是要用悲觀的想法讓自己陷入無名的苦惱之中呢？

請記住，凡事多往好處想，美好的想像會增加信心，你的表現如何將影響你在別人心目中的形象，這也是你能不能成功的關鍵。

讓人喜歡並非難事

人與人之間的交往，第一眼的印象很重要，想要抓住對方的心，使他對你另眼相看，有時可以利用身體語言，發揮自己的魅力。

一個眞正具有吸引力的人，靠的並不是費煞心思的妝扮，或是名貴耀眼的飾物，而是以內涵取勝。具有吸引力的人往往有著豐富的內涵、高雅的氣質，使每一個與他相處的人如沐春風，不會感到絲毫的壓迫感。

平時多讀書、多思考、多觀察，多與良師益友探討人生的各種議題，你的氣質自然會在無形中得到薰陶，得到改變。

每天滿懷信心對自己說：「我不是個令人討厭的人，我有很多朋友。」你便能在不自覺間受到重視。

如果你想在交際活動中獲得成功，應該注意自己的舉止談吐，多關心周圍的人，這對自己的形象大有好處。

讓人喜歡，並不是一件很困難的事情，你無須花費太多的心力和時間，對方就會對你產生良好的印象，視你如知己朋友。

人與人之間的交往，第一眼的印象很重要，想要抓住對方的心，使他對你另眼相看，有時可以利用身體語言，發揮自己的魅力，以下是一些簡要的方法：

- 當你與人碰面的時候，千萬別忘記清晰親切地跟對方說一聲：「你好！」讓對方覺得你充滿朝氣，性格開朗。
- 不論是男是女，應該主動地與對方握手，力道應該適度，別太重，也別太輕，讓對方感覺到你的熱誠就夠了。
- 大方地直視對方，雙方目光對視的那一刻，很容易拉近彼此的距離，使對方覺得你很尊重他。

•當對方講出自己的名字之後，你最好能在交談的過程中重複說出他的名字，如此能加深對方對你的印象。

•每個人都巴不得能得到別人的重視，因此，你可以向對方提出問題，讓他覺得你對他很感興趣。你可以提出一些私人的問題，也不妨問一點較深入的事情。

•如果能提示對方說一說他值得驕傲的經歷，或是成功的故事，對方一定會高興地講個不停，頃刻間就視你為他最好的朋友。

•人人都有自己的優點和長處，假如你能發現對方與眾不同的地方並讚揚他，你肯定也能聽到他對你的讚揚。

•平時應該多關心時事以及任何新鮮事物，使自己能有多方面的知識與話題與朋友溝通，倘使能建立博學多聞的形象，朋友便會覺得跟你在一起眼界頓開。

•第一次與人見面時，交談的時間不要太長，保持一定的距離和神秘感，在適當的時候告辭離開，會給下一次的會面增添期待。

如何當一朵吸引「蜜蜂」的花？

花朵希望蜜蜂替它們傳播花粉來進行繁殖，但它們並非以哄騙、誘惑、恫嚇等方式來對待蜜蜂，而是滿足蜜蜂慾望的同時，也實現自己的願望。

「人緣」是一種人際互動的潤滑劑，也是一張讓人減少煩惱的「心靈支票」，如果人緣不好，想要獲得別人幫助，恐怕比登天還要困難。

一個有人緣的人，可以輕易將朋友都吸引到自己身邊。

每個人內心最需要獲得滿足慾望，是受人重視。

重視就是看重一個人的價值。

比恩・布魯斯博士經營的保險公司，傲人的成長率被《指導性保險雜誌》列為一大奇蹟。

接受訪談的時候，布魯斯博士說：「我們的保險公司，成功的原因在於重視每個業務員。我們以此為座右銘。」

記者聽了這樣的回答，不解地問他：「為什麼這麼簡單的座右銘，能夠創造出那麼大的成長奇蹟呢？」

布魯斯博士指出：「因為，重視的反面就是輕視。」

他接著解釋說：「我們公司對業務員給予很高評價，並且讓他們知道這個事實。不管什麼公司，成功的原因其實都在於員工能力的強弱。由於我重視人與人之間的關係，使他們覺得自己對別人、對社會都很重要性，所以就帶來美好的結果。」

布魯斯博士的這段話頗能給人啓示。

你只要靜下心來仔細思量一下太太、孩子、上司、員工、顧客……等人對自己的重要性，就能深切地感受到每個人的寶貴，即使是那些普通的人，也有寶貴之處。

因此，請眞心地記住他們的珍貴，同時讓對方知道你對他們的高度評價。

大家都知道花朵吸引蜜蜂的方式，花朵希望蜜蜂替它們傳播花粉來進行繁殖，蜜蜂對它們來說是相當重要的，但它們並非以哄騙、誘惑、恫嚇等方式來對待蜜蜂，而是知道自己是蜜的來源，蜜蜂來採集花粉是渴望得到蜜，因此滿足蜜蜂慾望的同時，也實現自己的願望。

一個有人緣、容易將朋友都吸引到自己身邊的人，往往就是細心爲別人提供需求的人。

想要容納人、承認人、重視人，需要從學識、修養和氣度方面加以提昇。而這些素質，不正是人際交往中的最佳形象嗎？

會「聽話」的人比較容易成功

在日常生活中學習聽話，可以讓你擁有良好的人際關係；而在銷售商品時學習聽話，才能讓你贏得顧客的信賴。

在現實生活中，很多人做人失敗的原因在於不但不懂得如何「說話」，甚至也不懂得「聽話」，這是因爲，他們通常只在乎自己的表達能力，而忽略了留意聽別人說話的重要性。

這個現象反應了現代人急功近利的心態，以爲只要表達得宜，就可以說服別人，完成自己的目標，卻忽略了「認眞聽話」才是最重要的一環，才是讓別人眞正接受你的一種方法。

美國的汽車推銷大王喬治・吉拉德在他的推銷生涯中，總共賣出了一萬多輛的汽車，其中更包含了一年之內賣出一千四百二十五輛的紀錄。雖然他的銷售成績十分輝煌，但這也是經過多次失敗才能夠得到的成績。

有一天，一位很有名的富豪特別來跟他買車，吉拉德非常賣力地為富豪解說車子的各種性能，原以為富豪會覺得很滿意，但是，出乎他意料之外的，富豪最後竟改變了心意，不跟他買了！

這讓一向以自己的推銷能力自豪的吉拉德非常疑惑，很想知道到底是哪裡出了問題。吉拉德思考了一整天，還是不明白自己的失誤在哪裡，於是到了半夜十二點時，終於忍不住打電話去詢問富豪，到底為什麼不買他的車。

過了一會兒，富豪才拿起電話，一聽是吉拉德，便很不耐煩地說：「你知不知道現在已經十二點了？」

吉拉德說：「很抱歉，先生。我知道現在打電話很不禮貌，但是，我真的很想知道您不跟我買車的理由！能不能請您告訴我，究竟我讓您不滿意的地方在哪裡？」

富豪沉默了一會，開口說道：「既然你想知道，那麼我就告訴你吧！你的銷售能力真的很強，但是，我不喜歡你今天下午的態度。我本來已經決定買了，可是在簽約前，我跟你提到我兒子的事情，你卻表現一副蠻不在乎的態度，而且你一邊準備收我的錢，一邊聽辦公室門外另一位推銷員講笑話，這讓我覺得很不受尊重。我就是因為你的態度，才打消了買車念頭。」

不懂得「聽話」重要性的人，無疑是人際交往中的大傻瓜。

從事銷售工作的人都知道，說話技巧只是溝通的第一步，唯有滿足顧客的要求，才能成功地達成銷售商品的目的。但是，如何才能知道顧客的需求呢？這就得靠專注地傾聽，才能達到讓顧客滿意的效果。

「聽話」，是每個人都必須學習的人際功課。在日常生活中學習聽別人說話，可以讓你擁有良好的人際關係；而在銷售商品時學習聽話，才能讓你贏得顧客的信賴。

07

如何防範身邊的小人

善於掌握壞人的行為軌跡，
學會掌控惡人，
馴服他、操縱他和防止被他陷害，
這才是對付惡人的最高境界。

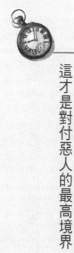

小心最賞識的人背叛你

所謂的人才很難辨識，但假如能知微見著、察言觀色，由表及裡地對一個人進行觀察審視，就不會被奸佞之徒蒙蔽。

中國古代政治思想家強調：「事之至難，莫如知人」，認爲世界上最困難的事就是知人。

人可以說是最複雜的動物。因爲，有的貌似賢人而實際上是強盜，有的外表謙恭但是實際上高傲輕慢，有的看似謹慎然而內心浮躁，有的外貌精明而實無才能，有的貌似忠良而心存狡詐，有的喜歡談論計謀而缺乏決斷，有的外似果敢但實際是蠢材，有的外似誠懇而行事奸猾。

也有的人外表糊塗而內心精明，有的外表孤傲而實際上平易近人，有的外貌嚴厲而內心溫和。

人往往難以從外貌看出真正的內在，尤其是表裡不一而又善於偽裝的人，就更難辨別了。有

些奸猾狡詐之徒常隱藏起自己的真實目的，把卑劣的野心掩飾起來而一副大公無私的模樣，把邪惡裝飾成正直的樣子，而且以此迷惑別人。

這方面的例子在歷史上多得不勝枚舉。

東漢光武帝劉秀被龐萌蒙蔽便是典型的例子。

龐萌在劉秀面前，表現得相當恭敬、謹慎、謙虛、順從，劉秀便認為龐萌對自己忠心耿耿，多次公開讚美龐萌是賢能之士。其實，龐萌是一個很有野心的人，表面上效忠劉秀，暗地裡卻伺機而動，當軍權一到手，便勾結敵人，把和他一起奉命攻擊敵人的自家兵馬消滅了。

最賞識的人背叛了自己，這對於劉秀來說，不啻當頭一棒，使他氣得七竅生煙。後來，雖然他把龐萌消滅掉了，但是由於錯用人而遭受了巨大且難以彌補的損失。

劉秀之錯，錯在被龐萌製造的假相迷惑了。龐萌是來自敵方的降將，還沒有重大貢獻足以證明他的忠心，劉秀就對他信任有加，最後遭到背叛，只能怪自己不長眼睛。

劉秀是一個深謀遠慮的人，以誠信待人、知人而善任著稱，不少人因為他的賞識而成為東漢時代的英才。但是，「智者千慮，必有一失」，當他被奸臣的表面言行所迷惑的時候，也難免犯下了終身難忘的錯誤，這也證明了識人的艱難。

所謂的人才很難辨識，但假如能知微見著、察言觀色，由表及裡地對一個人進行觀察審視，就不會被奸佞之徒蒙蔽，就會看穿這個人的真實模樣，對他有真正瞭解。

以貌取人，會讓你鑄下大錯

歷史上，不少人因為以貌取人而造成無可彌補的失誤。例如，諸葛亮重用馬謖鑄下大錯，南宋名相張浚造就了秦檜這個千古罪人。

中國大陸的管理學家對於選拔人才，有所謂「爛沿桶」和「漏底桶」的比喻，而且解釋得十分生動有趣。

從表面上來看，「爛沿桶」雖然不雅觀，讓人心生唾棄的念頭，但「爛沿桶」只是表面難看，其他部分卻是完好無缺的，能夠盛將近一桶的水。而「漏底桶」卻不然，表面上來看問題不大，實際上已經無法盛水，是眞正應該唾棄之物。

選人要做到慧眼識才，不被表面現象迷惑，作爲一個領導，在選人時應首先看本領，其次才看表面，寧選「爛沿桶」，也不要選「漏底桶」。

看人不應該以貌取人，如此才能識別真正德才兼備的可用之才。所謂的「貌」，就是指廣義的外貌，而不是狹義的面貌。外表、姿態、言行的綜合表現，就是人的外貌。

外貌和內心的關係正如現象與本質的關係一樣。人的外貌是內心的反映和表現，例如人內心的喜怒哀樂，往往可以從人的外貌中顯示出來，所謂「察言觀色」，就是經由對人外現的語言和臉色加以分析與觀察，揣摩出他的內心世界。

但是，並非人人都會將內心世界顯現在外貌上，有的人喜怒不形於色，又有些人心裡想的是一套，表現於外的又是另一套。這種表裡不一的人，城府很深，使人難以察覺。

尤其是陰險而狡詐的人，更善於掩蓋眞相，而以假象騙人，使人落入他們精心設計的圈套而不自知，甚至直把壞人當作好人。

歷史上，不少人因爲以貌取人而造成無可彌補的失誤。例如，南宋名相張浚就因爲犯了以貌取人的錯誤，造就了秦檜這個千古罪人。

張浚誤認爲秦檜「議論剛正，面目嚴冷，必不肯爲非」，因而謬誤地認定他是「不畏死，可共天下事」的「人才」，於是推薦他參政。

秦檜得勢後，結黨營私排擠忠良，以「莫須有」罪名害死名將岳飛，使南宋屈膝向金求和。張浚因爲提拔秦檜而留下了終生的遺憾，終究只能怪自己不長眼睛。

三國時期，悉力輔佐劉備鼎立於西蜀的諸葛亮，也曾犯過以貌取人的錯誤。

諸葛亮因馬謖熟悉兵法，理論上說得頭頭是道，儘管劉備對馬謖的「紙上談兵」深不以爲然，臨死前曾特意叮囑諸葛亮說此人「不可重用」，但諸葛亮卻不以爲然。

後來，蜀軍與曹兵對壘，諸葛亮重用馬謖爲先鋒，結果喪失戰略要地街亭，諸葛亮被迫率領殘兵退回漢中，他第一次出祁山取得的輝煌成果也轉瞬間化成泡影。

事後，諸葛亮後悔沒有聽取劉備遺言而深深自責，但爲時已晚，大錯已鑄成。

連被尊奉爲的聖人孔夫子，也犯過以貌取人的錯誤。他曾經檢討自己說：「以貌取人，失之子羽。」這番自我解剖，也給後人留下了「以貌取人」的深刻教訓。

孔子因爲子羽相貌醜陋而看不起他，其實子羽是一個很有才德的人。子羽比孔子小三十九歲，容貌醜得令人退避三舍。他曾經拜孔子爲師，孔子見了他之後，斷定他不會有多大出息，但因爲他是孔子的朋友介紹來的，所以還是勉強收留了他。

他在孔子身邊經過了三年多時間，孔子才驚覺他是一個相貌雖醜但才德頗高的人，所以感嘆說：「以貌取人，失之子羽。」

後來，子羽學成出遊列國，曾任魯國大夫，不久又南下楚國講學，培養了不少人才，成爲當時儒家在南方的一個很有影響力的學派。

如果你的朋友變成了你的敵人

在實際生活中，我們既要防騙子、防小人、防無賴，也要防朋友，特別是自己最親密的朋友。

俗話說得好：「害人之心不可有，防人之心不可無」，做人，尤其是做一個領導者，絕對不能沒有防人之心。

堡壘最容易從內部攻破，事情最容易被自己最親密的朋友破壞，如果你的朋友變成了你的仇人或敵人，他的拳頭隨時可以擊中到你的要害。

當你在上位時，別人對你總有幾分敬意，你說話時，別人會唯唯諾諾，但是千萬不能就此認爲別人和你的想法是一樣的。

尤其是不該讓下屬知道的事，即使關係相當好，也絕不能透露；如果有怨氣，寧可找一個不相干的朋友去訴說。

在世情澆薄的商業社會，存一點防人之心，才是保護自己的最好方式。當然，防人之心並不等於對所有的人一概存著猜忌、懷疑的心理。因爲信任總是相互的，你不相信別人，別人也不會相信你。

所謂的「防」，就是不說不該說的話，不說可能不利於自己的話。

在人際交往過程中，大部分人都有防人之心，對陌生人充滿戒備和警覺，生怕一不小心就上當受騙，對於一般的泛泛之交也是話到嘴邊留三分。

可是，人往往忽略了，能夠出賣自己，會對自己造成巨大殺傷的人，大多是自己最信賴的朋友。因爲，大多數人對推心置腹的朋友，不會懷著警戒心理，聚在一起就天南地北無話不說，毫無顧忌地把自己的心思和隱私全盤揭露，一旦朋友之間發生利益衝突，或者反目成仇，你的隱私就會被攤在陽光下，成了你的致命傷。

所以，在實際生活中，我們既要防騙子、防小人、防無賴，也要防朋友，特別是自己最親密的朋友。

與人交往需要坦誠，尤其是對朋友更需要坦誠相待，但是絕不能坦誠到讓別人一覽無遺的程度。不要忘了，朋友只是充滿七情六慾的凡人，也會有人性方面的弱點、人格方面的缺陷，甚至也會有醜陋的邪念。

赤裸裸的坦誠，會使你難以察覺朋友不光明的一面，你的內心不設防的結果，有時候會招致始料未及的「禍果」。

生活畢竟是現實殘酷的，而且充滿難以預測的變數。

如果你把自己最私密的事、最脆弱的部位攤在朋友的眼皮底下，一旦你的朋友變成了你的仇敵或競爭對手，那麼等待你的就是無窮無盡的痛苦，甚至給你帶來終生的災難。

社會上有太多的實例，足以讓我們省思再三。

例如，當你和你的好朋友之間爆發利益衝突或財務糾紛，或許你自信能坦然、客觀地面對，但是你能保證你的好朋友也會有相同的胸襟和氣度嗎？他不會背後詆毀你嗎？不會去想盡辦法去謀奪那些誘人的利益嗎？

誰也無法拍胸脯保證朋友一定會將心比心。因爲，友誼在利益面前往往會顯得如此蒼白無力。

許多殘酷的事實告訴我們，世界上沒有比自己最親密的朋友倒戈相向危害更深更大，更讓人傷心的了！

因此，我們交朋友要相當小心謹愼，即使成了朋友，也不可毫無防人之心！

「逢人且說三分話，未可全拋一片心」，這句話雖然是老生常談，卻是人際交往中顚撲不破的一大原則。朋友之間，親密過度，就可能發生質變；過密的關係一旦破裂，裂縫就會特別深特別大，好友勢必會成爲冤家對頭。

如何防範身邊的小人

善於掌握壞人的行為軌跡，學會掌控惡人，馴服他、操縱他和防止被他陷害，這才是對付惡人的最高境界。

小人歷來是受人鄙棄的，因為在一個團體裡，如果小人得勢，好人就會遭殃。然而，要識別一個人是不是小人，並不是易如反掌的事情。

小人往往虛情假意，處心積慮地想要欺騙別人；小人往往面善心惡，行事不露聲色，擅長僞裝。小人會爲一己之私利，不惜損害團體的利益，但是，小人再怎麼狡猾，總會有破綻可找，總會有防範和識破之道可循。

惡人也是小人中的一種。

惡人通常指那些陰險、狠毒、不擇手段去算計別人的人，這種人是小人中危害性最大的，也是最應該特別防範的一種人。

在公司中，總有一些善良的人會被毒蛇一樣的惡人欺騙、陷害。對於這種人如果不多加警惕，心慈手軟，就會遭到他們的毒手。有的人明明知道某人是個壞人，背叛過自己，卻存著僥倖的心理相信他能悔過自新、痛改前非，不加提防的結果，就是再一次吃虧上當。

另外，有一種人能夠認清陷害過他的惡人，拒他們於千里之外，因此不會再受傷害。但是，對於沒陷害過自己的惡人卻認識不清，儘管有人一再警告，但是因爲沒有親自領教過這種惡人的狠毒，因而不加提防，直到遭遇不測，才痛心疾首，恨之入骨。

這種不見棺材不掉淚的人，只相信自己的親身體驗而不相信別人的教訓，只接受自己的經驗而不善於吸取別人的經驗，結果可想而知。

誰都曾被小人陷害過，重要的是要記取經驗教訓，提高自己的洞察力，對於一時認識不清的人要格外防範謹慎，在使用不瞭解的人之前一定要經過嚴格的考驗，遇事多聽別人的意見。

能夠把惡人操縱於自己的股掌之間，才是用人的高手，管理上的精英。這樣的人善於觀察、學習，能夠認清社會上的好人與壞人。

善於掌握壞人的行爲軌跡，善於吸取前人的經驗教訓，學會掌控惡人，馴服他、操縱他和防止被他陷害的全套本領，這才是對付惡人的最高境界。

每個人身邊總會有幾個惡人，這些惡人不啻是身邊一顆顆隨時可能會爆炸的炸彈。他們總是到處鑽營使壞，他們表現善意並不是要幫助人，而是想利用別人駕馭別人。

對於這種人，一定要讓他徹底馴服於你的權威之下。但明槍易躲，暗箭難防。小人的奸詐邪惡絕不會寫在臉上，所以要防範惡人，眞不是件容易的事。就是因爲難，所以更要特別注意，以下這兩種方法，或許能夠幫你提防小人。

首先是「不露聲色」，也就是讓別人摸不清你的底細，不隨便露出自己個性上的弱點，不輕易顯露自己的慾望和企圖，行事不露鋒芒，不得罪人，不要太過坦誠。

別人摸不清你的底細，自然難以輕易利用你、陷害你，因爲你讓他們沒有下手的機會。兩軍對壘，一旦虛實被窺破了，就會給對方可乘之機，「防人」也是如此。

當然，假如爲了提防別人而把自己搞得神經兮兮，失去了朋友，那就有點草木皆兵，反而會成爲衆人排擠的目標。但無論如何，防人之心還是要有的。

其次是「洞悉人性」，兵法強調「兵不厭詐」，爭奪利益之時人心往往險詐得令人不敢相信，因此對他人的動作要有冷靜客觀的分析判斷。凡是不尋常的舉動，都可能包藏著不軌的意圖，把這動作和自己所處的環境一併思考，便可發現其中的奧秘，明瞭小人心中究竟打什麼算盤。

假裝笨拙，讓對方產生優越感

當一個人面對著比自己優越的人，總會有種挫折感，在心理上會產生「你比我偉大，所以我討厭你」的感覺，這是一種無法滿足自尊心而引起的心態。

在社交場合中，真正聰明睿智的人，都懂得適時裝笨，透過一些笨拙的舉動滿足別人內心的優越感。

這樣熟諳人性的人，無疑是深藏不露又受歡迎的人。

日本電視台每年都會公佈由全國觀眾票選的「人氣王」排行榜。有幾年所公佈的結果，最令觀眾有好感的男演員是武田鐵矢，許多觀眾都稱讚，武田鐵矢確實有不同於其他演員之處。

嚴格地說，武田鐵矢並沒有傑出演技或特殊才能，而且長相平凡普通，帶點傻氣，聲音也並不特別好聽，怎麼說他都不像是一個人緣極佳的演員。

他為什麼會好幾次當選為「人氣王」呢？

據說，他的秘訣就在於時常暴露一些自己缺點，而且毫無顧忌地說出來，給人當笑柄。

當然，這些給人的印象，都是他故意製造出來的。如果以潛在心理操縱來看，他真是一個很會製造自己形象的演員。

時下的演員幾乎都是擁有貌美、頭腦聰明、歌唱得好、具有演戲能力等優點，他們總是儘量塑造出比別人更爲優越的一面。

但是，有時一個演員擁有的優點越多，給人的反感越是增加。例如，某些紅極一時或善於炒作自己的演員，雖擁有壓倒性多數的影迷，但對他們抱強烈反感的人也相對增加。

從這裡我們可以得知，當一個人面對著比自己優越的人，總會有種挫折感，在心理上會產生「你比我偉大，所以我討厭你」的感覺，這是一種無法滿足自尊心而引起的心態。

像一些當紅演員，雖然他們的優秀才能是受歡迎的主要原因，但同時又是不受歡迎的主要原因，所以說人類的心理實在非常微妙。

當然，並不是說越傻的人就越能討好別人，每個人都希望自己能完美無瑕，但如果懂得假裝笨拙，有時故意露出自己的醜態，使對方產生優越感，就會贏得他的好感。

像武田鐵矢的做法，就是在觀衆已經肯定了他的才能後，故意製造一些缺點，暴露在觀衆面前，使觀衆產生優越感，因而對他產生好感。

滿足別人就是滿足自己

滿足別人的心理需求，將會使你建立和諧的人際關係，使自己的生活領域更加寬闊，因為你在滿足別人需求的同時，也無形中塑造了自己的形象。

《孫子兵法·地形篇》說：「料敵制勝，計險阨遠近，上將之道也。知此而用戰者，必勝；不知此而用戰者，必敗。」

能判明敵軍的虛實和作戰意圖，研究地形的險易，計算路途的遠近，以奪取勝利，這都是主將應懂得的道理。運用這些道理作戰，必然會取得勝利；相反的，不懂得這些道理，那就必敗無疑了。

爲人處世也是如此，如果你不明瞭對方是什麼樣的人，讀不懂對方的言行舉止代表什麼意思，那就很難左右逢源。

行爲語言學家認爲，人們內心深處的思慮，不管如何隱藏，一定會不經意地透過肢體動作表現出來。如果我們平時詳加觀察周遭人物的言行舉止，久而久之就能揣摩他們的心理變化，洞察他們的心性。

人的心性是相當錯綜複雜的，又有許多僞裝，很難簡單地下結論說：「人哪，就是這麼一回事！」人類內心潛藏的慾望更是五花八門，無法一一羅列。但是，如果能夠明白人類的四大心理特徵，並不斷努力地加以滿足，對於建立良好的人際關係，一定會有莫大的幫助。

一、希望被人理解。

人往往期盼自己的想法得到他人的理解，並且獲得認同。

二、希望討人喜歡。

除了極少數特立獨行或玩世不恭的人之外，世界上很少人願意自己是惹人討厭的傢伙，大多數人都渴望自己受人歡迎，並且儘量避免與人發生衝突。

三、希望獲得肯定。

大多數人具有某些優點，做出自認為了不起的事情之時，也都由衷希望獲得別人讚賞、鼓勵。譬如，當兩情相悅的男女情話綿綿之時，如果誇讚對方「你的眼睛很漂亮」，據說最能引起被讚揚者高興。

其實，每個人身上都有許多值得誇獎的地方，適度地給予肯定，可以增進彼此的關係。

四、希望過得輕鬆

一般而言，人都好逸惡勞，喜歡日子過得舒適輕鬆，討厭辛苦的勞累生活，因為懶惰是人的本性；人之所以願意勞動，是期待得到相對的物質報酬，或是精神上的滿足。

如果能夠明白人類的這四種基本心理特徵，並設法滿足別人的心理需求，將會使你建立和諧的人際關係，使自己的生活領域更加寬闊，因為你在滿足別人需求的同時，也無形中塑造了自己的形象。

不要讓自己捲入緋聞的漩渦

辦公室裡異性之間的微妙關係，一直是流言蜚語的根源。一旦捲入了緋聞的漩渦中，那麼跳到黃河也別想洗清。

有一位經理在自己的下屬中看中了一個能幹的部門主任，相信他是一個人才，準備加以培養和提拔。

誰知，這個消息一流傳開來，本來人緣甚好的部門主任卻立即遭逢責難，各式各樣的流言接踵而至。

最嚴重的是，便是關於這個部門主任和他的女助理之間有曖昧關係的緋聞，說他與女助理常常下班後相偕出遊，徹夜不歸。

種種傳聞讓經理信心動搖了。他認爲無風不起浪，既然有這麼多人說這個主任的壞話，他在操守方面肯定有問題，於是便把提拔他的計劃取消了。

一段緋聞使公司失去了一個人才，而對於這個主任來說，也失掉了一次重要的升遷機會。

這個教訓說明了緋聞對公司或個人的危害性。

辦公室裡異性之間的微妙關係，一直是流言蜚語的根源。只要和異性稍微親近，就有可能被渲染成熱戀，而你一旦捲入了緋聞的漩渦中，那麼跳到黃河也別想洗清。

男女之間的關係本來就比較敏感，只要一有風吹草動，當事人本身尚未理清彼此的感覺，旁觀者的敏銳嗅覺就早已發揮威力，傳聞不脛而走。所以，對於辦公室裡的緋聞，你不得不更加小心、更用心地去防範。

從傳聞的目的來說，緋聞一般可以分爲戲弄性的與添鹽加醋、惡意譭謗式的，對於後一種，你可就要小心提防，因爲它往往使當事人哭笑不得，絲毫沒辯白的餘地。

爲了避免成爲鬧劇的主角，平日在言談舉止方面就應當特別注意。萬一受到流言所困，最好抱著「清者自清」的態度，多做解釋反而會越陷越深，不是明智的應付之道。

如果你經常和異性下屬相處，那就更應該注意，談及生活中的各種問題時要注意分寸，因爲，緋聞往往從談論生活中的問題開始。

此外，你也要時刻提防，溫柔之水在不經意間向你湧來。你千萬要把持住自己，不接受過分的殷勤，該自己辦的事情就自己完成，不要假借女同事的手。如果對方明顯對你表現出傾慕的言行，甚至對你出現過分親暱的動作，你就該找理由把她調離你的辦公室。

辦公室裡的緋聞常常會在你不設防的時候冒出來，因此，在辦公室中最好和異性同事保持適當的距離，否則，儘管你與她根本就沒有發生什麼事，但她的一廂情願或糾纏不清，極可能把你置於緋聞的漩渦之中。

與其日後深陷緋聞之中，有口難辯，不如現在就試著運用下面的幾種方法趁早脫身。

・無聲拒絕法

有些女人結了婚，但仍然希望展現自己對異性的吸引力，千方百計與公司裡的男同事接觸。

遇上這樣的下屬，不能表示歡迎，而且應該明確加以拒絕。

最簡單的辦法是，把雙手交叉地放在胸前，明確表示不歡迎。這種「無聲勝有聲」的拒絕方法，對特別敏感的女性來說是非常有效的，它既能造成對方情感心理上的巨大障礙，又不會傷害對方的自尊心和破壞上下級的關係。

・自尊保護法

往往有這種情況，一個有才能又英俊的上司受女性下屬愛慕的時候，自己還蒙在鼓裡，在不經意和女方接觸的過程中，引發了緋聞。

男方輕易同女下屬約會，最容易引起誤會。女方以爲你和她一樣產生了情感，就必然招來麻煩而不好擺脫，所以，爲防範於未然，一開始你就應該謹慎對待與女下屬的單獨約會。

•藉口拒絕法

一個沒有對象的年輕女子一旦把你視爲戀愛目標，而你卻沒有相同的感覺，麻煩就會隨時發生。遇到這種狀況，如果你尚未結婚，可以說推說自己已經有了女朋友或未婚妻，這是一種很好的藉口，許多女性對於已經心有所屬的男人會懸崖勒馬。

•巧妙迴避法

當你覺得正面拒絕會使對方尷尬，甚至難堪時，可以採用使對方「主動撤退」的巧妙方法進行迴避。

如果對方約你去某一個風景勝地，你可以回答說，很多其他同事想去那兒，不如大家一起去，比兩個人去更有意思。這種巧妙的迴避方法，既拒絕了對方的約會，又不會使對方難堪。

‧將計就計法

有些女下屬常會藉向你彙報工作的機會暗送秋波。遇到這種情況，你可以將計就計，只同她談公事，對其他問題避而不談。

公事談完了，就藉口要辦別的事情，要找別的同事，要到別的地方去，甚至要上廁所……等，這樣就封住了對方的口，使對方完全明白，談完了公事，就什麼都不要談。

‧攻心法

有些已婚的女性下屬，也可能對你暗送秋波。

對於這種幻想型、浪漫型的女人，不妨採取心理攻勢，反覆地向她提問：妳有孩子沒有？孩子多大了？上什麼學校？使她驀地悔悟，自動放棄出軌的想法，老老實實地回到現實的幸福生活當中去。

・泰山壓頂法

當有些女下屬在你多次委婉的拒絕後，仍然對你糾纏不休，這時候，你可以毫不手軟地使出最後的「撒手鐧」，利用你的職權迫她止步。

你可以對她毫不客氣地說：「妳應該自重！否則把妳調到別的部門！」如果她還不知趣，你就眞的只好雷厲風行了，把她調走，因爲不這樣，明天被調走的或許就是你了。

小心別人反咬你一口

在交際應酬場合宣揚別人的隱私，說人家的閒話，在背後胡亂評說他人等等，都是要不得的，可別忘記，別人可能隨時進行反撲！

在現代社會中，人際關係就猶如空氣一般，誰也脫離不開這張無形的巨網，但是，光靠廣泛的交際，無法建立良好的人際關係，你還必須掌握交際之時的進退應對之道。

商務活動免不了交際應酬，在應酬中難免會聊一些與商務無關的事情，藉此來沖淡緊繃的氣氛。

然而，有的人卻是以宣揚別人的隱私而沾沾自喜。殊不知，這是生意場上交際應酬中的大忌。

有的人試圖知道別人的隱私來突顯自己消息靈通，以爲這樣一來能提高自己的地位，其實，這種想法大錯特錯。

宣揚別人的隱私，也許會有討好的一面，如：

第一、交際應酬多了談天的資料。

第二、能滿足聽者的好奇心理。

第三、許多人都是「憎人富貴厭人貧」，知道別人的隱私後，等於可以找機會踩別人一腳。

第四、得知別人的隱私，在生意場上交鋒時，可以作為自己的武器。

正因爲如此，有的人樂此不疲，每逢交際應酬的場合，都說短道長。

然而，這樣的人只是看到事情的一面。事情的另一面是，許多人對說長道短的人，都不免懷有強烈的戒心，甚至會想：「他會不會打我的主意？會不會在別的場合數說我的隱私？」

這麼一來，大家對這樣愛說長道短的人便會敬而遠之，在生意場上也不會跟他發生任何關係。

在交際應酬場合宣揚別人的隱私，說人家的閒話，在背後胡亂評說他人等等，都是要不得的行為，雖然可以到處向別人炫耀自己消息靈通，但是，可別忘記，別人可能隨時進行反撲！

不過，也有的人在交際場合說「隱私」，道「閒話」，兼「批評」，有時還來一段諷刺挖苦，肆無忌憚，但效果卻很好。

爲什麼？

原來，那是完全以自己為對象，數說自己的「隱私」，把自己的不足爽爽快快地拿到大家面前來「數落」一番。

這樣的調侃往往能收到喜劇效果，相當受歡迎。

記得學習別人的長處

在商務活動的交際場上，應該特別注意學習別人的長處，尤其是要學習那些並無高深學歷，而在社會現實中獨自跌爬滾打，歷盡千辛萬苦而獲得成功的人物。

孔子在《論語》中，說到過世上有三種益友：一種是「友直」，正直的朋友能規勸自己的短處；一種是「友諒」，誠實的朋友不會欺騙自己；一種是「友多聞」，見聞廣博的朋友，能指導我們不明白的事理。

「與其讀書百卷，不如會晤一百個大人物。」

有一位忠實履行這個說法的人，還在大學求學的時候，每逢假日就帶著飯盒，走訪沒有高深學歷而獲得成功的人，傾聽對方的經驗之談。

有人問他，為什麼會對沒有高深學歷的人那麼感興趣，他的回答是：「年紀輕輕就在現實社會裡獨立闖事業，嘗過種種辛酸的人，當然比那些從小依靠父母，畢業於大學，一直走幸運之路的人更有魅力。」

從那些沒有學歷，但憑個人的意志發奮成功的人物身上，可以學到我們沒有體會過的人生，可以學到一些非常寶貴的經驗。

這也難怪他後來幹了長達三十八年的總裁，著眼點就是與眾不同。

的確，一個人如果平時就跟英雄豪傑型的人物、自學成才型的人物多方接觸，可以從這些人物身上得到在學校裡學不到的知識，激勵自己去奮鬥，豐富自己的人生歷練，進而受他們薰陶，有益於自己的成長和成功。

有位大集團的顯赫人物，平時喜讀《史記》、《列傳》、《論語》，感於益友之可貴，所以，在學生時代就遍交當時的工商界巨頭和政壇大人物，厚積他日後縱橫商界的實力。

有一位資深工商界人士說：「與其猛啃三流的書，不如直截了當地請教那一行的人。對於自己所未知的世界，要拿出孔夫子說的不恥下問的精神，問到完全明白為止。」

文字所表現的抽象世界，遠不如親自接近有生命的人物。許多可貴的人生體驗，都必須靠「以心傳心」來體會，來吸收的。

因此，在商務活動、交際場合，應該特別注意學習別人的長處，尤其是要學習那些並無高深學歷，而在社會現實中獨自跌爬滾打，歷盡千辛萬苦而獲得成功的人物。

與這樣的人結交，對你的事業成功只有好處。

08

如何看懂別人的行為語言？

人是世界上最複雜的動物，
要想從外表的言行對一個人獲得真正的瞭解，
是一門艱深的學問。

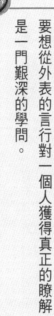

理直氣壯才能先聲奪人

以氣勢奪人的基本條件是心中要有理，才能理直氣壯，如果心中沒有真理，卻氣壯如牛，那就是色厲內荏的紙老虎，不堪一擊。

《孫子兵法．九變篇》中論及利害時強調：「是故屈諸侯者以害，役諸侯者以業，趨諸侯者以利。」

意思是說，要迫使別人屈服，就要用他們最害怕、最忌諱的手段去擾亂和威脅；相反的，要使別人爲自己做事，就要用利益加以引誘。

貝漢廷在遠洋輪船上當船長期間，征服了世界一個又一個的港口。這樣的豐功偉績使他感到驕傲，但真正使他感到刻骨銘心的，卻是當船長的痛苦，因為他在海外只要表現出良好教養和科學素養時，外國人就會問他：「你是日本人吧？」

意思是說有教養和素養的人是日本人，而不是中國人。

有一次在鹿特丹港，一位領港員因為船上舵手是中國人，就故意百般刁難，用英語把舵令說得又快又流利，於是貝漢廷上去用英語與他對話。

領港員改用法語，貝漢廷也隨之改用法語，然後故意地用義大利語和西班牙語問話。領港員答不上來了，卻改口說：「你的舵手不行。」

貝漢廷起先裝作沒聽見，但領港員連說三次，惹得貝漢廷發火：「你怎麼知道他不行？」

領港員道：「他反應太慢。」

貝漢廷責備道：「那是你說得太快，而且不清不楚。」

「反正我要求你換人。」領港員強橫的說。

「他是我船上最好的水手。」貝漢廷寸步不讓。

「哼！中國人沒有一個掌舵掌得好的。」這位領港員惱羞成怒，竟然開始肆意貶低中國人。

貝漢廷很氣憤，針鋒相對地回擊：「各國港口的領港員都說他好，只有你說他不行。」

「我要求下船。」領港員達不到目的，便刁難道。

「可以。」貝漢廷當即毫不猶豫地命令：「三副，立即送他下去。」又對領港員一伸手說：「拿來！」

領港員不知所以，問道：「拿什麼？」

「你的派令，我要在引水單上註明，你是一個不合格的領港員，不能提供船舶良好的協助。從此以後，我們不歡迎你上任何一艘中國船領港。我很遺憾，但是看來只好如此了。」貝漢廷不客氣地道。

面對如此強硬的船長，領港員咕嚕了幾句，再也不吭聲了。最後輪船終於開進了港口，貝漢廷簽了引水單，但並沒有加上任何批註，使得那位傲慢的領港員十分感激。而受船長保護的舵手，含著淚水咬著牙，從此勤奮攻讀英語。

以氣勢奪人的基本條件是要心中有理，才能理直氣壯，如果心中沒有眞理，卻氣壯如牛，就是色厲內荏的紙老虎，不堪一擊。

一鼓作氣，步步進逼

能夠靈活運用心理戰略的人，就能夠態度從容，未交戰而能氣勢逼人，最後獲得勝利。

人的內心活動是看不見摸不著的，特別是悶葫蘆型的人，他們的心理活動更是難以捉摸。

在辯論過程中，若要使對方不斷贊成自己的觀點，然後一鼓作氣，徹底征服對方，不妨試用以下的心戰策略。從對方很容易答「是」的弱點下手，一步步進逼對方；辯論時一開頭就以「辯解的口氣」說話，會顯得比對方矮了一截似的，如果失去氣勢，立場轉弱，就永遠也佔不到上風了。

人一被指出缺點，就會產生一種自卑的心理。例如，對成績不佳的孩子說「你眞是笨得無藥可救了」，孩子會受到這句話的打擊，而失去上進心。這種心理稱爲「標籤效應」，同理，如果給對方貼上某種標籤後，對方就很難擺脫了。

在歐美國家，認爲先說「抱歉」的人，一定是理虧的一方。而說「抱歉」的人，自己也會產生處於劣勢的心理。

在一些很正式的場合裡，禮節與人們心理上的優勢大有關係。當與對方握手時，握得比對方有力的話，在心理上可以逼使對方處於劣勢，而對方也會感到「他非常有信心」之類的想法。

心理學家認爲，四、五尺左右的距離，最容易使對方接受說服，因爲這樣的距離容易觀察對方，也不至受到對方的壓力。

講話之時，如果能使用淺顯的比喻，避開抽象的說教，就更容易使對方接受。例如，與其說：「在石油危機籠罩下，世界經濟日趨萎縮。」倒不如說：「各位女士，妳們可知此地生產的黃瓜，曾經經過長途旅行，以及許多人用手包裝在塑膠袋裡送往市場，最後才被各位買去的情形？」

若要讓對方容易答「是」，最好用第二種方法來說。

二次大戰時，美國總統特使霍布金到英國，與邱吉爾會談。雖然邱吉爾急於得到美國的援助，卻大談戰後世界的情勢將如何如何。

霍布金等他說完，回答：「現在哪有閒工夫談理論？要緊的是閣下是否有決心解決希特勒呀！」

所以，當遇上對手大談抽象論調之時，你就搬出現實話題來激他。

論辯時，如果看出情勢不佳，或是突然答不上對方的問題，就該使用「暫停」這一招，否則，對方馬上就看出你的劣勢，結果使自己心理造成更大的壓力，而逼自己進入更大困境。

引用或形容對方說過的話，將之轉變爲你的論點基礎，會使對方無法辯駁。

所以，若用對方說過的話來陳述自己的觀點，就容易被對方接受。

製造假訊息讓對手深信不疑

談判中嚴防訊息洩漏是談判者的常識，但在某種必要的情況下，可以間接把自己談判立場的細節等，悄悄的、裝作不經意地洩漏出去，以達到己方需要的某種目的。

《孫子兵法．軍形篇》說：「故善戰者立於不敗之地，而不失敵之敗也。是故勝兵先勝，而後求戰；敗兵先戰，而後求勝。」

古代善於行軍作戰的人，總是不會錯過任何打敗敵人的良機，而不會坐待敵人自行潰敗。在日常生活或商業競爭領域也是如此，想要獲得輝煌的勝利，就必須從混亂中看準有利的機會迅速出手，「趁火打劫」與「製造假訊息」是最常見的戰術。

《三國演義》中有段精采的「蔣幹」盜書情節：

曹操將水師屯於江北，隨時準備揮師渡江南下。為了探查軍情，他便派蔣幹前去東吳察看動靜，周瑜則趁機施展反間計。

當時，東吳情勢危急，由於北兵不習水戰，東吳唯一的致勝之道便是「火攻」，但曹操用了張允、蔡瑁兩個有能耐的水軍都督，絕不會將船一隻隻連著鎖在一起，以便己方火攻。周瑜正在為此事著急時，忽聞同窗蔣幹來訪，心中懸著的巨石終於落地。

周瑜與蔣幹相見，少不得痛飲一番，以敘同窗之誼。不久，周瑜假裝不勝酒力醉臥床帳之內，呼聲大作。

蔣幹受曹操之命到東吳來探查虛實，自以為已經把周瑜灌醉，可以暗中進行調查了。夜晚萬籟俱寂，蔣幹悄悄地摸進老同學周瑜帳內竊取軍情。他見周瑜醉臥不醒，就把置放在桌上的一封書信，偷回自己房中細看。

不看則已，一看不由得驚出一身冷汗，原來竟是張允、蔡瑁私通周瑜的書信。由於事情緊急，他便趕緊過江覆命。

曹操看了書信後勃然大怒，頓時心生殺機，當即命人將新任水軍都督張允、蔡瑁捉來轅門斬首。

消息傳到周瑜耳裡，自然欣喜若狂。

曹操仰賴兩位新任水兵都督進攻江南，東吳水師兵微將寡，自然不敵。周瑜於是乘蔣幹來訪之時，僞造曹操水兵都督請降書信，信中內容全是「帶兵降吳，共討曹賊」之類的反叛言語。他把僞造的秘密書信故意擱在桌上，然後裝睡讓蔣幹去偷。

曹操見是蔣幹竊來的書信，信以爲眞，再加上疑心病重，居然自己除去了周瑜的心頭之患。

類似「蔣幹盜書」的情節也可以巧妙地運用在商業領域。談判中嚴防訊息洩漏是談判者的常識，但在某種必要的情況下，可以間接把自己談判立場的細節等，悄悄的、裝作不經意地洩漏出去，以達到己方需要的某種目的。

當然，你也可以在談判過程中，突然揭開自己的面紗，如果以私下談話的方式直接洩密，可以說：「這可是我們私底下這麼說，我們老闆有可能與別家公司談判，而不是貴公司。」以此迫使對方降低需求，不過奏效與否，就看你是否能做得天衣無縫，讓對方信任。

另一招就如周瑜洩密一樣，對方渴望得到某方面的秘密，而且是在你「一時疏忽」之下得到，就會使對方視作珍寶，而你也最容易達到目的。這一招靈不靈，還得看對手是否選擇採取窺探別人隱私的方法。

這一招的方法較多，例如爲了使對手認爲有其他競爭對象存在，可以把一本記載著競爭者姓名、電話號碼的本子，隨意擱在桌上，然後故意忘記帶走。記事本上還可以寫上其他競爭者的最低報價、自己的最高出價……等。

事情往往很奇怪，如果你直接告訴對方，他不一定會相信，如果任由對手偷偷摸摸地發現，反而會使他深信不疑。

所以，要製造假訊息，透過這種方式傳出去，效果會特別好。

煙幕是欺敵的妙方

面對狡猾的人犯，董仲孚為了破案而製造假像，以假亂真，誤導對方判斷，終於讓對方自動認罪，堪稱是妙招。

《孫子兵法．九地篇》說：「敵人開闔，必亟入之。先其所愛，微與之期。踐墨隨敵，以決戰事。」

和敵人鬥智鬥力的時候，發現敵人有可乘之隙，必須立即乘虛而入，而不要洩漏本身的意圖和行動，要打破常規，根據敵情決定作戰方案。

首先，你必須明確洞悉自己遭遇的對手是怎樣的人，如果對方睜眼說瞎話，你就必須用以假亂眞的方法逼對方現出原形。

清末，湖南辰溪縣，有個名叫王四的人開了一家客棧。一天，商人杜大爺住進客棧的單人房間，一覺醒來時，發覺五十兩銀子被偷了。

可是，那天客棧裡並無其他客人，杜大爺懷疑是老闆王四所為，於是一狀告到了縣衙。王四被帶到縣衙後，以為一無人證，二無物證，便矢口否認，堅稱銀子不是他偷的。

縣令董仲孚從王四的神色中，察覺他很可疑，便私下命令兩名能幹的衙役，偷偷前往王四的客棧，對老闆娘說：「客人丟失銀子的案子，妳丈夫王四已經招認了。我們特地來取回那包銀子歸還給杜大爺，妳就老老實實交出來吧。」

沒想到老闆娘比王四還狡猾，竟裝作不知道的樣子。於是，衙役按董縣令的吩咐，把她帶回公堂。

在衙役前去帶王四的老婆時，縣令叫王四伸出手來，用紅筆在手心上寫了個「贏」字，對他說：「你去台階下曬太陽，如果曬了很長的時間，字都沒有消失，那你的官司就算打贏了。」

老闆娘被帶上公堂時，看見丈夫在台階下曬太陽，不知是怎麼回事，又不能跟丈夫說悄悄話，心中充滿疑惑。

當她在堂上聲稱不知銀子之事時，忽然聽到縣令對王四大聲問道：「你手裡的『贏』字還在不在？」

王四連忙回答：「在，在，『贏』字還在！」

由於「贏字」與「銀子」發音相近，老闆娘做賊心虛，乍聽之下誤以為丈夫真的已經招供認罪了，不敢再有所隱瞞，慌忙供認：「大老爺恕罪，五十兩銀子在我房中的馬桶裡面，請派當差的隨我回店拿回來吧。」

面對狡猾的人犯，董仲孚爲了破案而製造假象，以假亂眞，誤導對方判斷，終於讓對方自動認罪，堪稱是妙招。

心直口快，只會讓自己受傷害

「心直口快」的人，就好比是三國時期的魏國大將許褚，脫光衣服上戰場，最後必然身上中滿了飛箭。

中國自古以來就是一個口舌是非多得出奇的國度。

遠在秦始皇時期，有些讀書人只不過茶餘飯後窮極無聊地說點閒話，秦始皇知道之後卻勃然大怒，將這些儒生全都活埋了，連這些儒生所讀的竹簡也全部燒毀了。

自從秦始皇「焚書坑儒」之後，中國人，尤其是讀書人幾乎是戰戰兢兢地活了兩千年。即便是藏頭縮尾忍氣吞聲，還是免不了一不留神被抓住話柄，惹出株連九族之類的滔天大禍。

清代有個知名的學者戴名世，有一天因爲在竹林裡看書看得累了，順口說出既像感歎又像是詩的兩句：「清風不識字，何故亂翻書。」

其實，他的意思很簡單，只是指自己在竹蔭下看書，惱人的秋風卻不知趣地不斷把他手中的書翻來吹去。豈料，他卻因此惹下了大禍，被別有居心的小人誣指他有「反清」思想。

最後，戴名世被處極刑、滿門抄斬，而且還波及門生故舊，受到牽連的人數衆多。

又有一個叫呂留良的讀書人，因爲在生前的著述中對於滿清屠殺漢人有不滿言論，去世幾十年之後，還有人翻出他那些發黃的著作，拿到朝廷裡向雍正皇帝邀功請賞。

雍正皇帝看了之後勃然大怒，喝令拿他來問罪。

屬下回答說：「這個人早已去世了。」

但是，雍正皇帝連死人也不放過，下令「剖棺戮屍」，將呂留良的棺木從墳中挖了出來，再把他的屍骨拖出來鞭屍戮首。不僅如此，他的兒子、孫子和以前的門生……等十族也都遭到殺戮。

在中國文化大革命期間，因爲隨口說了一兩句話而被整死的人也不計其數，由此可知「禍從口出」是如何可怕。

河南南陽有一個叫南营的小村，村裡有個五十歲左右的老頭。

這個老頭的工作是餵生產隊裡的豬隻。有一次，一頭母豬下了十隻小豬，長得煞是可愛。當天，這個老頭子不知哪根筋不對勁，竟然脫口說道：「哇，長得跟十大元帥一樣！」

那還得了，將十頭豬說成是十大元帥，這不是侮辱國家領導人嗎？於是，有人大做文章，對老頭大肆批鬥。可憐的老頭渾身長嘴也說不清，不堪折磨之餘，某天夜晚上吊自殺了。

在那個年代，想一死了之也沒有那麼簡單。

老頭人雖然裝進了棺材，可是批鬥的人還不放過，還要開現場批鬥會，還要在棺材上貼上大字報。

封建社會裡的文字獄與中國文化大革命的荒誕情事或許一去不返，但是活在現代社會，我們還是得要慎防禍從口出。

因此，千萬要記住自古流傳至今的諺語：「話到嘴邊留半句」、「逢人只說三分話，不可全交一片心」、「知人知面不知心」、「害人之心不可有，防人之心不可無」……等等。

那些喜歡「知無不言，言無不盡」的人，可能還常常以自己「心直口快」、「從來不繞彎子」自詡。作爲一般人倒也無多大妨害，但作爲領導者卻是個大忌，它足以令你前功盡棄，中箭落馬。

「心直口快」的人，就好比是三國時期的魏國大將許褚，脫光衣服上戰場，最後必然身上中滿了飛箭。

提防高談闊論的小人

一個人的價值在於他完成了什麼事，不在於他說了什麼話。只會使用華麗的詞藻高談闊論，根本毫無用處，只會惹來別人的陣陣訕笑。

在這個人心叵測的時代，人基於各種目的，難免會說一些假話和謊話，因此，應對進退之時要多一點慧眼，尤其在交際場合，更要懂得分辨對方所說的是真心話，或者只是場面話，甚至是騙人的謊話。

在生活周遭或者工作場合，我們常常會碰到善於吹牛並且強詞奪理的人。千萬不要和這種專逞口舌之能的人做朋友，應該儘快和他們疏遠，即使因爲種種因素無法擺脫他們，也應該設法保持一定距離，防止他們走進自己的生活圈，否則最後受害的將是自己。

在現實生活中，也有許多喜歡動口不動手的人。有的人則胸無點墨，只會仗著一張嘴大說歪理，試圖以花言巧語矇騙對方。

有的人本身成事不足敗事有餘的人，從未幹過像樣的事情，卻口若懸河把自己說得如何傑出。有的人明明是混不出名堂的窮光蛋，卻老是幻想自己是億萬富翁，開口閉口都是巨額的投資計劃；有的人連自己都無法駕馭了，卻可以大言不慚地談論領導秘訣。

目前社會中，這種不學無術的人到處可見，我們應該小心地加以防範，不千萬要被誇大不實的謊言矇騙。

相對的，我們也應該時時提醒自己，要腳踏實地去實踐自己的計劃和理想，不要淪爲滿腦子想法，只會用嘴巴建造空中樓閣。

必須記住，一個人的價値在於他完成了什麼事，不在於他說了什麼話。

只會使用華麗的詞藻高談闊論，在現實環境根本毫無用處，只會惹來別人的陣陣訕笑。

譬如，有些企業負責人或是生意人，總是在別人面前議論國家財經政策，或是口沫橫飛大談企業經營謀略、管理方法，而自己的公司或工廠卻瀕臨倒閉，這豈不是一種絕大的諷刺嗎？

沒有內涵，卻善於耍弄詭辯自欺欺人的人，永遠也成不了大事。

在日常生活中，我們應該多做點實實在在的事，少耍嘴皮子玩弄詭辯的花招。同時，對於那種光會耍嘴皮子說大話的人，也要敬而遠之，千萬別把他們當作好朋友般交往。

別讓臉色洩漏了你的心思

人的臉部比其他一切部位更靈敏，表情不是靜止的東西。感情的變動會隨時在你的容貌上顯示出來，你的喜怒哀樂都能從臉找到影子。

人的臉部表情最爲豐富。據某些研究資料推測，一般人的臉部表情達二百多種，至於那些電影明星的表情就更多了。

有一本書上說：「臉部是人體中提供非語言感情傳遞最多的場所。」儘管有些人不同意這一觀點，認爲手是傳遞信息最多的，但是他們也認爲，有些臉部表情，是手無法傳遞的。

例如，我們與別人面面相對，在說話之前，看對方臉色，大致就可以瞭解他的心理狀態，即是由於我們在不知不覺中，已經開始察言觀色。

臉部所流露出來的感情無須特意推究，就能看出對方心理。因爲，人的臉部是心靈或是內在想法的直接表示，從臉部表情的改變，可以準確看出一個人的心思。

如果你一天到晚板著臉孔，人家就會知道你有一副惡劣的脾氣。假如你老是皺著眉頭，也許是你在凝思什麼，但人家一看見就以爲你在討厭他們。

臉部表情也能夠表達震驚或詫異。在這種情緒狀態下，一個人的嘴會張得大大的，由於震驚，下顎的肌肉會放鬆。

當然，有時候嘴巴無意識地張開，並非是由於震驚，這種情形發生在一個人非常專心於一件事時，例如一個人專心組合精細的機械零件時，眼睛之下的每一條肌肉會完全放鬆了，甚至有時連舌頭都會伸出來。

人的臉部比其他一切部位更靈敏，表情不是靜止的東西。感情的變動會隨時在你的容貌上顯示出來，你的喜怒哀樂都能從臉找到影子。從臉部和態度的改變，也可以看出你對別人的好惡如何。

在談判場合，我們也可以觀察到許多面部表情。例如，一個極具有攻擊性的談判者，會把談判看成是「你死我活」的競技場。他臉部的典型特徵是：睜大眼睛看著你，嘴唇緊閉，眉角下垂，有時甚至嘴唇不太動卻含混地從牙縫裡擠出話來。

另一種人卻擺出純潔無辜的姿態，半閉或低垂著眼簾，露出淡淡的笑意，有著平和的秀眉，前額上沒有一絲皺紋，然而，他可能是一個很有能力而且具競爭性的人，他相信合作是一種強有力的過程。

這樣的人，在彼此間產生衝突時，則會產生與平時大不同的表情，眉毛通常是下垂，眉頭皺起，牙齒雖然未露出來，嘴唇卻緊緊地繃著，頭和下顎挑釁地向前伸出，與對方怒目相視。

如果在一張臉上連一絲笑容都找不到，那麼這就是一張嚴肅的臉孔，換句話說也是無表情之意。這樣的臉孔我們稱做爲「撲克臉」「臭臉」，也就是任何感情都不表現在臉上。但是，沒有表情的臉孔後面往往隱藏著更豐富、更爲激烈的感情。正是由於感情過分豐富，並且有意不讓他人瞭解，以嚴肅的臉孔掩蓋其感情的流露。

有的人在本來該表示高興的場所，故意裝出不高興的樣子。這種人，通常都是虛僞的。

例如，某人很喜歡當官，有一天被擢升爲科長的時候，本來應該喜形於色才對，但是他卻一點也不露出來高興的表情，甚至還會對恭賀他的人說：「沒意思，提與不提都是一樣。」甚至會裝出一副不太高興的樣子。當然，這是在公共場合，一旦回到家裡，就會表現出另一副面孔了。

實際上，人的情感表現，有時不一定始終保持坦率的情形。潛藏於內心的種種感情和慾望，由於各個時期的內在、外在條件而複雜曲折地表現出來，從而使人產生一種錯覺，例如在可笑時哭泣、在悲傷時大笑……諸如此類。因此，想要看透人的心思，有必要深入洞察分析。

如何看懂別人的行為語言？

人是世界上最複雜的動物，要想從外表的言行對一個人獲得真正的瞭解，是一門艱深的學問。

英國有句諺語說：「最乾淨的手套，往往掩藏著一雙最骯髒的手。」這句話提醒我們，想成爲人情練達的高手，就不能單單靠著表面現象就去評斷事物，更不能據此去論斷一個人的性情和性格。

要瞭解一個人的脾氣和性格，應該從研究別人的情緒反應著手。

要測知別人的反應，必須懂得察看反應情緒的臉部變化和身體的細微動作，也就是行爲語言。

注意他的一切姿勢，他的語調的改變，以及他的音調聲色的改變！注意他四肢的動作，他眼睛的神色，同時注意他的一切表情！

如果你把握住了這些線索，還是看不出對方的全部個性。那麼，還需進一步做些什麼觀察呢？

你要猜度對方的心理，是什麼東西讓他覺得可怕，什麼東西使他憤怒，什麼環境使他覺得很愉快。

其次，是什麼事情會引起他的自得，什麼東西才能吸引他的全部注意力。

只要把上面這些問題試著記熟，照著去觀察對方，必然可以發現和認識得更多。假如找不到一個實驗的環境，你不妨自己創造一個新的環境，或是提幾個與實驗相關的問題。

例如你讚賞他幾句，挑撥他幾句，譏笑他幾句，故意斥責他幾聲，然後觀察他的動作和面部表情如何，他情緒的泉源潛伏在何處。

隨時注意他反應出來的表情和語句，其中含有什麼樣的意向。這樣，你對他自然會有更深刻的認識。

法國文豪雨果在他的著作《鐵面人》中，曾經這麼譏諷地寫道：「天底下最可憐的笨蛋，是那些從來不懷疑別人可能言行不一，而對別人所說的話一味地信以為真的人。」

確實如此，現實生活中，專門欺世盜名卻沾沾自喜的騙子並不在少數，如果不懂得透過觀察看穿他們虛僞的一面，就經常會迷惑於他們的聲名而遭到誆騙，甚至因爲他們的謊言而吃虧上當。

要洞察一個人的眞實面貌，重點並不在於聽他的嘴巴說了什麼，而是用眼睛看他究竟是怎麼辦事的。科學的看相，自然是識人察人應當學會的重要本領，尤其在選擇人才的時候，切不可輕視這門學問。

身爲領導者，對人認識得越清，就越能保證選到公司所需要的眞正的人才。當然，人是世界上最複雜的動物，要想從外表的言行對一個人獲得眞正的瞭解，無疑是一門艱深的學問，需要在實踐的具體操作中反覆的實驗、學習、總結。

了解性格，應該從研究情緒開始

不能以幾個外部特徵來推測一個人的全部情緒。但是，你卻能透過對一個人的詳細觀察，推測對方的思想，以及情緒反應。

義大利作家普拉托里尼曾經提醒我們：「紡錘也會不準，甚至鏡子裡出現的形象也和實體不一致，教皇也會有說錯話的時候。」

想要在人性叢林獲得成功，不光有能力、肯努力就能達到，必須明確洞悉自己遭遇的對手，也明瞭自己面臨什麼狀況，並且懂得解讀對方的話語和舉止，用最正確的方法面對，才不會被別人散佈的煙幕欺騙。

一個初次見面的人性情究竟如何，倘使單單觀察他的面部所流露的痕跡便遽下定論，是不完全正確的。

比方你見到的是一個嘴角老是向下斜拖的人，你便懷疑他是一個多愁善感的人，可是他卻時常有幾個有趣的表情溢於臉部，又證明他是一個快樂的人，那麼你怎樣判斷他的脾氣？

這時，就必須再運用其他方法加以觀察。

例如，在某種特殊的環境下看一個人的姿態如何，面部表情如何，聲音腔調如何，以及行動如何。

這其中又以他所說的言詞最為重要，假如你能仔細觀察的話，那麼認識的層面就會比較準確。

有一位著名的美國商人，不但非常熟悉商情，並且又有豐富的閱歷，他聘請僱員最主要的方法是對應徵者進行口試。口試的第一個問題總是這樣問：「先生，你能對我們公司貢獻些什麼嗎？」

面對這個問題，應徵者往往窘得說不出話來，當然這些人是不會被錄用的。

他這樣問自然有他獨特的理由。

他說：「在我們這家公司裡，應當僱用頭腦清晰的人，他如果對我這個問題都答不出來，別的就可想而知了。」

一個能做到唯才是用的人，總覺得對方絕對不能百依百順，應該有自己的主見；一味地依從的人一定缺少創造力。

當然，我們不能以一兩個條件去判定一個人的全部行爲，因爲，人的行爲是分外錯綜複雜的。

對於這一點，世界著名的心理學家桑達克曾經這麼說：「事實是這樣的，無論在一張什麼樣的人類行為圖上，有大半是不正確的。因為上天給人們的智力與天賦本來就不同，再加上學習和自修的不同，個性的差異，他的行為是無法考慮周全的！」

由此可見，不能從幾個對象和事例，概括一種理論。

這也就是說，不能以幾個外部特徵來推測一個人的全部情緒。但是，你卻能透過對一個人的詳細觀察，推測對方的思想，以及情緒反應。

心理學界先驅、曾任美國哈佛大學教授的蒙思太白雨曾經說：「要是在一間家庭談話室裡，我提到男性的名字時，我身邊的女孩就會面紅耳赤，若她在看一封信時暗露愁色，我們已經知道她的內心感受了。假使，她在某一個環境裡興高采烈地和熟悉的男子談話，偶然進來了一位年輕英俊的陌生男子，就會發現她彎下了脖子，去玩弄自己的手帕或扇子之類，而且呼吸深長，她的眼眶也會較大，表現出正在渴望的神情來，那你便可以知道她是多麼的嚮往那異性。若不能如願她便會感到失望，那時她嘴角便會下意識地做小動作，如果她的聲音都因失望而顫慄，那表明她的失望到了極大的程度了。」

這些觀察人們情緒反應的知識是相當普遍的，其實，我們也在日常的生活中不自覺地運用了，只不過本身毫無察覺罷了。

例如，你難道沒有見過一個女子的面紅耳赤？她面紅耳時，你難道不知道她是因爲害羞或是發窘？

09

先釜底抽薪，再趁火打劫

找到與對方利益緊密相連的另一方，使出釜底抽薪的手段，設法造成威脅對方的態勢，使談判產生轉機，然後再趁火打劫，使對方屈服於自己提出的條件。

做個聰明的老實人

做人應當誠實正直，不要有害人之心，不過，防人之心也不可無，畢竟人的心思是很難讀懂的，必須提防別人口蜜腹劍的算計。

古人一再提醒我們：「防人之心不可無」，強調與人合作或共謀時，在尚未熟悉對方的確實情況之前，千萬要小心謹慎，不要讓自己過度地暴露個人心思，這樣才不會被有心人利用，而讓自己陷入危機之中。

總而言之，就是要設法做個聰明的老實人。

唐高宗死後，武則天開始垂簾聽政。為了順利得到天下，並壓制宗室大臣的不服與反抗，於是，她在東門設立「銅匭」，下令如果發現任何圖謀不軌的情況，都可以用密函的方式，將信件扔進銅匭，只要密報經查證後確實無誤，告密者便可以得到封官晉祿的獎勵。

當時有位胡人李元禮，便是因告密成功，而獲得了游擊將軍的官銜。其他像是尚書都事周興、來俊臣等人，見狀也紛紛效法，競相羅織他人的罪名，讓自己的官運扶搖直上。

在這些人當中，以周興最為機敏狡詐，當時他豢養了一批專門告密的地痞流氓，每當他想陷害某人時，便會命令這些流氓前來告密，然後弄假成真。

周興還挖空心思製造了一系列令人不寒而慄的刑具逼供，還將這些刑罰取了一些好聽的名目，如定百脈、突地吼、鳳凰曬翅、仙人獻果、玉女登梯……等等。當受審的嫌犯一看到這些「別出心裁」的刑具，早就被嚇得魂飛魄散，無不寧願立即招供，以免受罪煎熬。

然而，風水輪流轉，這天周興居然被人告密了，說他串通其他人試圖謀反，蓄意奪權，武則天對此事甚為重視，立即指派來俊臣審理此案。

曾與狼狽為肝的來俊臣深知，周興是憑著告密用刑起家的，想要讓他老實招供並不是件容易的事。

於是，他先邀請周興一同飲酒，席間則不斷地稱讚周興，以鬆懈他的心理防衛，最後向他請教：「周兄，我最近碰到了一個十分狡猾的犯人，各種刑具我都用過了，他就是不肯招供，不知道你願不願意教我幾招？」

已經被來俊臣捧得飄飄然的周興，不知其中有詐，不假思索地對來俊臣說：「老弟，我跟你說，如果你把這個狡猾的囚犯放入一個大甕，然後架在火上烘烤，你想他招或不招？」

來俊臣一聽，樂得拍手稱妙，立即派人搬出來大甕，並架起炭火。

周興一看，原來的好氣氛都被弄壞了，不悅地問：「老弟，難道你要在這裡審訊犯人嗎？」

只見來俊臣笑著命人撤去殘席，接著拿出武則天的敕文，板起臉孔對著周興說：「請君入甕吧！」

果然，周興還未置身大甕，便馬上招供。

雖然這是則發生在唐朝的歷史典故，然而，卻是做人做事上常用的厚黑謀略，必須時時以此警惕自己。

做人應當誠實正直，不要有害人之心，不過，防人之心也不可無，畢竟人的心思是很難讀懂的，必須提防別人口蜜腹劍的算計。

如果你在得意之時，不小心謹慎，輕易地暴露了自己的實際情況，恐怕會讓自己一直處於失敗之勢！

製造玄機就能化解危機

競爭過程中，原本就是要虛實交互運用，讓競爭對手握不住你的實力，從而無法與你進行對抗。

自己的眞實力量，有時需要向對手全部展示，但有時候也要巧妙地掩藏起來。然而，什麼時候該進行「火力展示」，什麼時候又該隱藏實力，則要依當時的實際情況而定，只要我們運用得當，自然能受益無窮。

孫臏和龐涓都是鬼谷子的學生，後來龐涓先行下山，當上了魏國駙馬，並陷害孫臏受到「臏刑」，導致雙腳殘廢。孫臏脫險之後，先以圍魏救趙之策大挫龐涓的銳氣，然後又在戰場上與龐涓正面決戰。

由於孫臏計高一籌，鬥智而不鬥力，所以，他運用「減灶法」製造假象，在戰場上逐漸減少燃灶的數目，讓龐涓誤以為孫臏節節敗退，命令手下軍士緊追不捨。

直到兩軍在馬陵道會戰，孫臏依計整合全部兵馬，給了龐涓迎頭痛擊，龐涓才知道中計，最後被亂箭射死。

這是戰場上的謀略，所謂知己知彼，百戰百勝，商場之中也是如此。我們首先要對自己有正確的評價，然後瞭解對手的虛實，先適度地隱藏自己的實力，學會製造假象，讓對方錯估情勢，進而爲自己製造一個絕佳的優勢。

曾經，有家銀行忽然傳出財務不穩的消息。

當時已經接近下班時間，那間銀行馬上被擠兌的人潮擁得水洩不通，此時如果處理不當，銀行很有可能會就此倒閉。

所幸，該銀行的經理鎮定自若，他不慌不忙地將庫存的現鈔全部搬了出來，一面延長銀行營業時間，另一面緊急向同行拆借現金。

當趕來擠兌的人，看見現場現金如此充足，不禁相信銀行的實力沒有問題，大都認為財務不穩的消息應該是個謠言，再加上大排長龍的等待，實在浪費時間，便放心地回家休息，擠兌的人數立即明顯變少了。

另外，一些銀行大戶，看見銀行的情形穩定，又想到提領完現金還有被搶的風險，索性相信銀行，也省得為自己增添麻煩，這場擠兌風波也就此煙消雲散。

另一個例子是，曾經有某家上市公司，因為市場派和當權派爭奪經營權，而藉著拉攏股權的方式爭奪不休。

在股權開始進行登記之後，市場派四處活動，到處請託送禮，拉攏的股權份額很快地便超過了當權派。

在兩者股權拉長了距離之後，市場派預估其餘小股東不會出席，又見當權派無力拉攏，眼見局勢已定，他們便自信滿滿地認為，一切穩操勝算，所以，便對當權派的注意力逐漸鬆懈，甚至開始為奪權成功而慶祝。

未料，當權派早就暗中拉攏其餘的分散股權，努力邀請他們聚餐歡敘，並在登記截止的期限前一刻，帶著小股東全數前往會場，進行登記手續。

這個情況讓市場派頓時傻眼，面對這樣致命的一擊，他們根本無法招架，在完全沒有掙扎的餘地之下，只能以奪權失敗而告終。

這彷彿就像孫臏與龐涓決戰的現代翻版，說明競爭過程中，原本就是要虛實交互運用，讓競爭對手握不住你的實力，從而無法與你進行對抗。

這幾則隱藏實力與展示實力的方法，都表現得恰到好處，他們合理地利用自己的實力，然後稍加隱蔽，沒有讓人們窺破其中的玄機，巧妙地扭轉對方的心理，讓成功穩固地站在自己這一邊。

所以，捉準時機，將優點掩飾起來，讓對手鬆懈怠惰，甚至對你毫無防備，掉以輕心，直到遭遇你的正面進攻才驚醒，但卻爲時已晚，這也是謀求獲勝的商戰策略中，最常運用的方法之一。

不拘小節，人才才會鞠躬盡瘁

一個成功者的事業版圖，往往是用無數人才的血汗繪製而成。相同的，他們邁向成功的階梯，也經常是用人才鞠躬盡瘁的屍骨堆疊而成。

身爲一個想要有所作爲的領導者，最應該擔憂的是手下無可用之人，盡是一些成事不足、敗事有餘的蠢才。

因此，在舉用人才之際，一定要不拘小節，因爲，領導者除了要積極經營自己的版圖之外，更需要人才的輔佐，群衆的擁護，才能長治久安。

戰國初期的名將吳起為了入仕，便拜孔子的學生曾參為師，學習儒家義理，由於吳起勤奮向學，深得曾參的喜愛。

然而，當吳起的母親去世時，他卻不願意按照當時的習俗回家守孝三年，認為那樣只會白白浪費時光。

這件事讓曾參非常生氣，一氣之下將他趕出師門，從此，吳起便放棄了儒學，轉而學習兵法。

當齊魯之戰爆發，魯國國君雖然想任用吳起，卻因為他的妻子是齊國人，而有所猶豫，後來吳起的妻子恰巧死了，魯君這才放心派他率軍出征。

這一戰，吳起率領了兵少將弱的魯國軍隊，居然打敗強盛浩大的齊軍，展現了自己卓越的軍事才能。

雖然他大勝而回，這時卻傳出了一個相當歹毒的謠言，指出吳起為了當上將軍，竟然不惜殺害妻子。

魯王聽聞傳言之後，並沒有詳加查察，便聽信左右讒言，從此疏遠吳起，而被謠言中傷的吳起深深受挫，也離開了魯國。

不久，他得知魏文侯正在廣募賢才，便立即轉道來到魏國，後來幸運地獲得魏國將領翟璜賞識，隨即推薦給魏文侯。

然而，魏文侯也擔心吳起徒有才能，卻品德不佳，因為他也聽說，吳起不願為母親守喪之事，以及為了當上將軍，不惜將自己的妻子殺害的傳言。

不過，翟璜卻力勸魏文侯：「想要成就大業，就應當不拘小節，吳起沒有守孝三年，我國也沒有一定要遵守儒家禮教的規定，再者，就算吳起急於建功立業而殺妻，不也正好符合國家的需要？」

後來，魏文侯聽了吳起的軍事見解，馬上驚為天人，徹底心服口服，任命他為大將軍，派他出任西河守。

吳起到西河後訓練軍隊，帶領百姓耕種梯田，因為頗能體恤民情，深得百姓愛戴，沒有幾年工夫，便把西河治理成進可攻、退可守的重要據點。

西元前四〇九年，吳起帶領軍隊渡過黃河，攻克了秦國的臨晉、洛陽、合陽等重要城鎮，更讓企圖大舉入侵中原的秦軍大敗而逃。

一個成功者的事業版圖，往往是用無數人才的血汗繪製而成，相同的，他們邁向成功的階梯，也經常是用人才鞠躬盡瘁的屍骨堆疊而成。

這麼說雖然充滿權謀，卻是不爭的事實。

如果，當時魏文侯只注意那些對吳起不利的傳言與缺點，而忽視了他的軍事才能，那麼他的損失恐怕不小吧！

從魏文侯重用吳起這個故事中，我們可以得知，身爲一個優秀的領導人，在選用人才和班底之際，一定要用人唯才，不拘泥世俗的小節，能夠如此，便能爲自己創造成功的高峰。

要站著做人，不要跪著走路

成功的人懂得在挺直腰桿走路時如何暫時屈膝，那些長久跪著走路的人，是不可能成就大業的，因為人不可有傲氣，卻不能失去傲骨。

如果，我們不能以人的姿態出現在上級面前，時間一久，連上司也自然而然的將你看成一匹馬或者一條狗。

大陸作家王朔曾經寫了一本著名的小說《站直，別趴下》，從此一炮而紅，這本小說故事後來還被改編成電影，締造另一項佳績。

這本書中的主旨大意在於，無論生活對你有多麼不公平，你都沒有理由放棄生活，你必須學會抗爭，必須認眞地做一個挺直腰桿的人，並且維護、保持身爲一個人的尊嚴和人格。

只有能挺直腰桿做人的人，才能成爲一個強者。

或許有人會反駁：「身爲下屬的人員幾乎是聽任上司使喚，他們常用『效犬馬之勞』的說法，成爲任人騎的馬，或任人使喚的狗，如此，又怎能不低頭呢？又如何能保持尊嚴與人格呢？」

這種觀點只看到問題的一面，那就是作爲下屬，當然必須與上司保持良好關係，並且服從與尊敬。

但問題還有另外的一面，那就是，如果我們不能以人的姿態出現在上級面前，上司自然而然地對你招之即來，揮之即去，你在他的面前完全喪失了自我，完全沒有展現才華與能力的機會。

如果是這樣，你還有什麼晉升的機會？還能談什麼未來前途呢？因爲，你在他面前已經等於零，有你無你皆可，提拔不提拔你更是無所謂。

所以，在尊敬和服從上司的時候，我們必須記得，在適當的時候不妨使使性子，不妨帶點「刺」。

當然，選擇的時機和場合一定要適當，並且一定要拿捏好分寸，千萬不要出現「過」與「不及」的情況，否則便會適得其反，破壞自己與上司彼此的關係，把事情越弄越糟。

比如，你的主管做了一個很不適當的決策，如果他是個很有責任心的人，只要你能提供充分的論證和資料，便可以委婉地反對，並盡最大的努力說服他，使他明白自己的失策和認知上的偏差。

只要通過了，他便會認定你是個有頭腦、有膽識的人，而非那種庸庸碌碌的等閒之輩，那麼你往後的升遷機會必將大大提升。

但是，如果這位上司是一位私心較重且極要面子的人，那麼你就得三思後行，必須考慮到正常工作以外的其他因素，考量他可能有其他苦衷，只要不貿然反對，你就不會激怒了這頭「獅子」。

在《雍正王朝》中，我們可以看見七品小官孫嘉淦對於雍正皇帝的失當之舉拼命死諫。由於當時的山西巡撫欺上瞞下，浮誇虛報政績，連皇帝也被蒙蔽，還封他為「天下第一巡撫」，經過孫嘉淦多方查證下，收集了大量證據證明這位貪官的罪狀，才使真相大白。

只見他上奏雍正皇，要求處斬該巡撫，然而雍正礙於面子遲疑難決；而孫嘉淦卻是得理不饒人，天天集眾上朝力爭，使雍正皇帝又氣又恨，最終還是把那位巡撫正法了。

對於孫嘉淦，雖然雍正相當惱恨，可時間一久，他卻覺得這樣有才能膽識的忠臣實屬難得，便將他連升三級，破格任用。

再者，征西大將軍年羹堯曾為清朝立下汗馬功勞，而居功自傲，一點也不將皇帝放在眼裡，雖然雍正皇帝對年羹堯的所作所為瞭如指掌，但是因為他曾立下大功，又是皇親，而舉棋難定。

在這種情況下，孫嘉淦又聯合其他大臣力諫雍正皇帝，使得雍正決心要掉奸臣，大義滅親。

從孫嘉淦直言勸諫的忠誠行動中，我們可以得見，他的耿直並沒有讓他變成一個唯唯諾諾的奴才，雖然多次與皇帝頂撞，也沒有影響他的升遷，反而是每頂撞一次便升官一次。

這其中充分說明了一個道理：「一味地遷就和服從上司並不能使你平步青雲，反而會喪失自我，損害自己的尊嚴和價值，如此不但升遷的機會少，更會受到上司的唾棄。」

學會如何據理力爭，並能力諫上司修改錯誤，走向正確的道路，反而可使上司和同事、下屬瞭解你的才華與膽識，也瞭解你的人格和品行。

所以，成功的人懂得在挺直腰桿走路時如何暫時屈膝，那些長久跪著走路的人，是不可能成就大業的，因爲人不可有傲氣，卻不能失去傲骨。

做人千萬不要強出頭

如果刻意地在對方面前，表現自己高人一等，或是炫耀自己的小聰明，反而會自曝在危險之中，甚至讓旁人視為愚蠢的舉動。

許多人在待人接物之時，總是喜歡吹噓自己，試圖把別人比下去。殊不知，刻意地炫耀你的聰明或才華，只會讓你顯得愚昧，贏得一時的虛榮，卻喪失更遠大的前景。

隋代的薛道衡文才出眾，十三歲就能朗誦《左氏春秋》。隋文帝時，薛道衡被任命為內史侍郎，在隋煬帝時，則外放擔任潘州刺史，直至大業五年，才被召回京師任職。

當時，薛道衡寫了一篇《高祖頌》，自己頗感得意，但隋煬帝看完後，不悅地說：「只不過是文辭華麗而已。」

因為，隋煬帝楊廣一向自認文才甚高，認為沒有人能超越自己，所以對薛道衡的文才心存嫉妒。

當時，有位御史大夫見狀，便乘機進讒言：「薛道衡自負擁有才子之名，不把皇上看在眼裡，這根本存有造反之心。」

內心極度不悅的隋煬帝聽信讒言，下令將薛道衡處以絞刑。

鋒芒畢露的人時間一久，便會引來旁人的嫉妒，周圍的人因爲感到自己的無能，也不願與他合作。

當年，孔子年輕氣盛之時，曾經向老子問學。老子只對孔子說：「良賈深藏若虛，君子盛德容貌若愚。」

意思是說，善於做生意的商人，總是隱藏寶貨，不會讓人輕易看見，而品德高尚的君子，容貌總是顯得愚笨拙劣。

唐順宗就深明這層道理，即使貴爲太子之時，也儘量小心翼翼地注意自己的言行，以免惹來禍害。

喜歡以天下為己任的唐順宗，還是太子身份時，便曾對東宮幕僚說：「我要竭盡全力，向父皇進言革除弊政的計劃！」

幕僚王叔文聽了，深以為不妥，立即向他諫言：「身為太子，首先應該做的事情是盡孝，你應該多向父皇請安，問候起居冷暖，因為改革是目前最棘手，也最敏感的問題，如果你過分熱心，有心人就會以為你企圖以國家改革的名義來招攬人心，萬一讓皇上誤會你想篡位，而對你有所猜忌，對你來說並不件好事，而且更無助於國事改革啊！」

唐順宗聽完這番話後，立刻有所省悟，之後便收斂許多。

這樣的改變，讓他在唐德宗荒淫專制的晚年，沒有招來不測的災禍，也才能成就日後唐朝的順宗改革。

從故事中我們明白，處理人際關係時，我們務必要謹慎小心，不要傷及對方的自尊心，也不要引起別人的猜忌。

如果刻意地在對方面前，表現自己高人一等，或是炫耀自己的小聰明，反而會自曝在危險之中，甚至讓旁人視爲愚蠢的舉動，輕則讓對方更加自卑，從此拒絕與你來往，重則讓對方想要挫挫你的銳氣，反而讓自己陷入危機。

當然，在這個講求分工合作的現代社會，如果沒辦法讓組織團結，有些工作根本無法完成，因而，我們也不必對工作採取消極的態度，只要小心表現，不要處處張揚，表現出令人反感的小聰明，試圖將榮耀獨攬在自己身上，那麼你自然而然能處處化險爲夷。

善用環境的特殊催化力量

談判前擬定的計劃中，選擇談判環境和地點的準備工作十分重要，因為這具有促成談判儘速達成協議的特殊催化力。

從許多知名人士的成功案例，我們可以知道，想要有一番作爲，想達成自己的目標，做事萬萬不能手軟。必須善於發揮自己獨到的創意，進行長遠的佈局，並且善用環境的特殊催化作用。

美國第二任總統湯姆·傑弗遜，在《獨立宣言》簽署發表後幾年曾說：「在不舒適的環境下，人們可能會違背本意，言不由衷。」

他指的事情眾所周知，《獨立宣言》的簽署會場是在一間馬廄的隔壁，當時正值暑氣炎炎的七月，天氣特別悶熱，令人煩躁不安。

更令人忍無可忍的是，馬廄裡有許多飛來飛去的蒼蠅，在談判會場中橫行無阻，有時停在談判代表的臉上，有時則在談判代表的背上，甚至無所顧忌的落在代表拿筆的手背上。

在這種情況下，簽字意味著一種解脫，又有誰願意跟嗡嗡亂飛的紅頭蒼蠅長期糾纏在一起呢？

據說，以前美國總統卡特在主持埃及和以色列的和平談判時，就故意把談判地點選在大衛營，因而順利達成目的。

大衛營並不是渡假勝地，而是連一般市民休閒之時都不願去的地方。那裡最刺激的活動，就是撿撿松果、聞聞松香而已。

據聞，卡特為了讓這次中東和談圓滿落幕，使了許多小手段，例如提供的娛樂工具，是兩輛供十四人使用的自行車。

住在那裡的埃及總統沙達特和以色列總理貝京，每天晚上只能從兩部電影中選擇一部來觀賞。

結果到了第六天，他們早把這兩部電影看了好幾遍了，看得煩透了，可是，卻沒有新片可看。

每天早晨八點，卡特就會去敲他們的房門，聲音單調地對他們說：「我是吉米．卡特，請準備再來渡過內容同樣無聊，而且令人厭倦的十個小時吧！」

如此過了十三天，沙達特和貝京再也支持不下去了，心想只要不影響自己的前途，乾脆早點兒簽字，好離開這個鬼地方。

《獨立宣言》簽字之快，以及中東和談協議的順利簽署，環境是一個不可忽視的因素──選擇在馬廄隔壁和大衛營做爲談判簽字的地點，就是逼迫雙方求大同存小異，儘快成交的方式。

一般選擇談判的環境，總是以風景名勝爲多，而且房間具備起碼的條件，寬敞、明亮、通風、隔音良好和氣溫宜人。假如談判代表有特殊愛好或是任何忌諱，房間的佈置上就要有一定的配合度。

至於枯燥惡劣的環境，有時之所以理想，是因爲優美的環境往往使人流連忘返，而惡劣的環境則使人想儘快尋求解脫。如此的願望，可以促使雙方代表爲了達成協議，而加倍努力，儘速結案。

從上述例子我們可以看出，談判前擬定的計劃中，選擇談判環境和地點的準備工作十分重要，因爲，這具有促成談判儘速達成協議的特殊催化力。

從這裡可以看出，傑弗遜和卡特兩位總統，分別爲各自進行的談判，預先設計的計劃是何等周密細微，眞可謂煞費苦心。

同時，這也給了談判者一種激勵的啓示：談判預測的推演準備，對談判成敗或效果的優劣，事關重大。

如何讓別人為自己賣命

一個領導人必須先具備「為公」的寬廣胸懷，然後再發動溫情攻勢，經營好自己的「私人關係」。

在變動不羈的競爭環境中，一個英明的領導者必須根據不同的情勢，採取相應的作戰方針，不管伸縮、進退，都應該進行客觀的評估，如此才能獲得勝利。更重要的是，要適時發揮溫情攻勢，進行感情投資。

在感情方面進行投資，有時會創造意想不到的功效，作爲領導者，應該深諳其中的奧妙，適時地讓溫情效應發酵。

一九四九年，國共「三大戰役」結束後，取得半壁江山的中共解放軍，積極進行渡越長江的前置作業。

可想而知，一旦長江防線被解放軍突破，蔣介石政權滅亡就指日可待了，因為，首當其衝擊的，就在位於長江沿岸的首都南京。

當時，蔣介石的國民黨軍隊中，有一位上將奉命在長江南岸佈防，由於受失敗情緒的影響，士氣相當低迷，竟然和其他三位軍官一起在防禦工事的地堡裡打起麻將。

當天夜裡，蔣介石恰巧巡視到該地。他悄悄地走到地堡裡，一語不發地看著這四位正在賭博的軍官。

過了一陣子，終於有人發現身後多了個人，抬頭一看，居然是蔣委員長，四個人嚇得面無血色，唇齒打顫，雙腿發抖，以為這下子腦袋保不住了。

豈知，蔣介石當時並未發怒，也未加以斥責，而是慢慢地走到桌前，坐了下來，輕輕地說了聲：「繼續玩！」

蔣介石的牌技不錯，不一會兒就贏得了一大把鈔票，他將這把鈔票推到站在身邊，還在發抖的將軍面前說：「都拿去吧，補貼一下家用。」

幾位軍官見狀，感動得熱淚盈眶。

這時，蔣介石站起身，很嚴肅地向這四名軍官行了個軍禮，懇切地說：「兄弟，一切拜託了！」

就在幾位軍官哽咽不已的時候，蔣介石又一言不發地走了。

後來，在中共百萬大軍渡過長江的時候，這幾位軍官率領士兵浴血頑抗，寧願戰死也不降。

長江防線被攻破後，那位將軍毅然決然地舉槍對準自己的腦袋，飲彈自盡了。

這位將軍生命的最後一刻，腦海裡閃過什麼景象，其實不需要心理學家加以分析。他必定憶起了蔣介石查勤的那個晚上的情景，想起了蔣介石的軍禮，以及那一聲凝重得讓人窒息的——「兄弟，拜託了！」

所謂「女爲悅己者容，士爲知己者死」，上面這個例子說明了，一代梟雄蔣介石善於籠絡、收買人心的一面，不愧是個擅長利用溫情攻勢讓部屬心甘情願賣命的領導統御高手。

他加入國民黨之後，即對黨內各股勢力的恩怨情仇和利益糾葛詳加分析，並且認眞、妥善地經營自己的人際關係，終於躍爲黨政軍最高領袖，幾乎所有當道的黨政要員和將領全是他的親信或嫡系。

雖然他的歷史評價毀譽參半，行事也有可議之處，不過在經營人際關係與領導統御的技巧方面，仍然有值得學習之處。

必須注意的是，無論你是哪個層級的領導人，經營人際關係的立足點，應該是爲自己領導的部門創造績效、謀求最大利益，而不是居於私心拉黨結派。

一個領導人必須先具備「爲公」的寬廣胸懷，然後再發動溫情攻勢，經營好自己的「私人關係」。

先釜底抽薪，再趁火打劫

找到與對方利益緊密相連的另一方，使出釜底抽薪的手段，設法造成威脅對方的態勢，使談判產生轉機，然後再趁火打劫，使對方屈服於自己提出的條件。

一九六一年之前，美國富翁哈默的石油公司規模還很小。

一九六一年時，哈默石油公司在奧克西鑽通了加利福尼亞州第二大油田，價值估計至少二億美元。

幾個月後，公司又在布倫特任德鑽出一個蘊藏量非常豐富的油田，價值可望達到五億美元。

為了將產品打入市場，哈默想要與太平洋煤氣與電力公司簽訂為期二十年的天然氣出售合約。

哈默了為與這家公司進行商業談判，做了許多準備，不料到了真正交涉的時候，卻碰了一鼻子灰。

因為，太平洋煤氣與電力公司已經有了充足的油源，也有了穩定的用戶，所以他們的總裁高傲地對哈默說：「對不起，我們已經有了油源，品質也很好。」

哈默受挫，想在價格上和服務品質方面讓步，以便使談判出現轉機。

然而，對方很沒有耐心，不願改變計劃，幾句話就把哈默打發了。

哈默被潑了冷水，還是忍受了下來，努力思考幾種制伏太平洋公司的辦法，最後決定採取「釜底抽薪」的手段。

哈默搭乘飛機前往太平洋煤氣與電力公司最大的買主——洛杉磯市天然氣承辦單位。只要動搖了這位客戶，太平洋公司必定要改變計劃。

他前往洛杉磯市議會，向議員們大吹法螺，描述自己的公司開出了兩口上等品質的油井，為了推動洛杉磯市的經濟發展和服務廣大市民，他準備從恩羅普修建造天然氣管道直達洛杉磯市，並且用比太平洋公司及其他任何競爭者更便宜的價格，供應天然氣。

對這番信口開河的話，聽得十分心動的議員們，於是準備按照哈默的計劃，放棄太平洋煤氣與電力公司的天然氣。

太平洋公司知道這個消息後，面對可能破產的絕境，感到驚慌萬分，趕緊來找哈默，表示願意合作。

臉厚心黑的哈默在同意合作之餘，還趁火打劫，提出了一系列有利於己的條件。處於被動地位的太平洋煤氣與電力公司，根本就不敢提出任何異議，馬上乖乖地與哈默簽署合約。

事情不能繼續下去時，應該思考阻礙的主要原因，然後找到與對方利益緊密相連的另一方，使出釜底抽薪的手段，設法造成威脅對方的態勢，使事情產生轉機，然後再趁火打劫，使對方屈服於自己提出的條件。

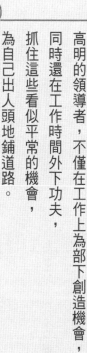

10

成為搶到蘋果的強者

高明的領導者，不僅在工作上為部下創造機會，
同時還在工作時間外下功夫，
抓住這些看似平常的機會，
為自己出人頭地鋪道路。

曾國藩利用親情成為「中興名臣」

為什麼聲勢浩大的太平天國，最後不敗於滿清將領之手，反而敗給一個出生湖南農村的文弱書生曾國藩呢？原因就在於，曾國藩善於運用「親情」的力量。

在封建社會裡，許多官員都知道如何籠絡民眾，利用民心，鼓舞士氣幫助自己完成一番大事業。

漢民族是一個典型的「倫理本位」的民族，特別注重種族、血統和血緣關係，所謂的「牢莫過於夫妻盟，勇莫過於父子兵」，這句古話頗能說明這種傾向。

一旦家庭、宗族和地域的關係與政治聯姻，形成的力量就會出現一些讓西方人難以置信的奇蹟。

近年來，在中國大陸的「通俗文化」領域，出現了一股「曾國藩熱潮」，各式各樣研究清朝中興名臣曾國藩的書籍可說琳瑯滿目。

曾國藩何以能成爲清廷倚賴的「中興名臣」，建立輝煌的功業，並且被梁啓超等人視爲歷史上「不一二睹之下人物」呢？如果我們仔細研究就會發現，曾國藩其實是一位善於利用家庭關係、宗族關係、朋友關係、師生關係的領導統御高手，這正是他成功的最重要原因之一。

曾國藩崛起的時候，正是太平天國革命運動如火如荼的時期。

一八五一年，洪秀全組織的「拜上帝會」在兩廣一帶建立了了震驚全國的太平天國。

太平軍的革命力量風起雲湧，聲勢浩大，所向披靡，從廣東揮軍直搗北方，先攻下湖南，又攻佔湖北，奪下江西，進逼江蘇、浙江一帶，幾乎控制了淮河以南的大半個中國。

對於太平天國作亂，清朝政府非常驚慌惶恐，連同治皇帝也哀歎：「朕位幾有不保之勢」。

當時，與太平軍交戰的八旗軍、兵勇、地方團練屢戰屢敗，處於一路挨打狀態，毫無還手之功。

曾國藩當時不過一介儒生，善觀天道人事，認為天下大亂，自己大展鴻圖的時機已到。他並不急於領兵作戰，而是獨闢蹊徑地回到他的老家湖南，募集鄉勇，從興辦團練開始，目的在於練就一支絕對聽命於他的湘軍。

團練的主要成員就是他的宗親、同鄉好友、同學，他的過人之處就在於他透過血緣關係、親族關係和地域關係，利用親情的力量，將發展壯大的湘軍牢牢地捆綁在一起，令外人難以拆解。

事實證明，曾國藩編練的這支軍隊極富戰鬥力，很快就成為太平天國頭疼不已的死敵。後來，曾國藩依靠湘軍，取得了兩江總督和軍機大臣的權位，成為一人之下、萬人之上的重臣，甚至具有問鼎清廷的實力。

最後，他坐鎮安慶，攻下太平軍的江南大營和江北大營，轟開太平天國的首都所在地——南京，撲滅了這場轟轟烈烈的大革命。

太平天國革命波及中國十八省，歷時十四年，幾乎控制了大半個中國。滿清數百萬軍隊在太平軍面前兵敗如山倒，被打得潰不成軍。可是，爲什麼聲勢浩大的太平天國最後不敗於滿清將領之手，反而敗給一個出生湖南農村的文弱書生曾國藩呢？

原因就在於，曾國藩善於運用「親情」的力量。

聰明的人在考慮問題、制定謀略的時候，一定要善用親情的力量，既要曉之以情，也要動之以利，透過群體的力量達成自己的目的。

膽識，是成功的要素

面對同類產品降價銷售、搶攻市場佔有率，出其不意的強勢脅迫，霍布萊因公司並不是在談判桌上鬥個你死我活，而是在顧客心理上開闢戰場。

美國霍布萊因公司生產的斯米爾諾夫伏特加酒，素享盛名。但在二十世紀六〇年代，它曾經受到一次嚴峻的考驗。

當時，霍布萊因公司的伏特加酒每瓶售價一美元，另一家酒廠則以每瓶低於一美元的價格，推出了同類產品，一下子打入了市場。

面對不利形勢，霍布萊因公司沒有針鋒相對的與對方打一場價格戰，他們認為公司的產品聲譽好、銷量大，倘若貿然捲入了價格戰中，既損害了公司形象，又會造成巨額損失。

但是，面對競爭對手挑起的價格戰，又不能視若無睹。於是，霍布萊因公司一面與競爭對手談判，一面密謀因應策略。

但是，談判沒有達成任何協定，因為競爭對手已經做好孤注一擲的準備。他們要贏得市場，似乎沒有第二條路可走，所以堅決不答應霍布萊因公司的條件——割讓一小塊市場，而這個市場還在偏遠地區；他們要的是霍布萊因公司割讓半壁江山。

霍布萊因公司其實心裡知道難以達成協議，卻仍抱持著誠心和信心進行談判。

另一方面，該公司做出了異乎尋常但極為出色的決策，把斯米爾諾夫伏特加售價調升至二美元。結果令人吃驚，消費者認為高價必是好貨，因此，斯米爾諾夫伏特加銷量絲毫未受到影響，反而逆勢上揚。這一策略徹底粉碎了對方在談判桌上咄咄逼人的攻勢。

這是一場在談判桌外的較量，比在談判桌上針鋒相對更具戲劇性，當然也更有效果。

霍布萊因公司面對同類產品降價銷售、搶攻市場佔有率，出其不意的強勢脅迫，並不是在談判桌上鬥個你死我活，或是展開價格戰，而是在顧客心理上開闢戰場。

降價，給顧客的形象是貨質不佳的便宜貨，並且又由於是新上市的伏特加，沒有知名度，而霍布萊因是個聞名已久的老品牌，酒的品質廣爲人們肯定，它的漲價給人們兩種暗示：一是品質在原有基礎上有所提高，不然不會漲價；二是與對方拉大價差，抬高了身價。

對方脅迫霍布萊因公司讓出半壁江山的目的沒有達到，是因爲霍布萊因採取了出人意料的高明策略。

另外，莎士比亞的名劇《威尼斯商人》中，有個有趣的情節，也可以供我們談判之時參考。

安東尼奧向夏洛克借了三千金幣。夏洛克提出的條件是，如果到期不償還，就從安東尼奧身上割下一磅肉來償還，二人並立下字據。

還債時間到了，安東尼奧卻無力償還，夏洛克執意要從他身上割下一磅肉，並告到了法院。

鮑西亞扮成律師為安東尼辯護，她對夏洛克說：「你得請一位外科大夫，免得他流血過多，送掉性命。」

夏洛克為了報復安東尼奧，非置他於死地不可，於是辯解說：「但是，借據上沒有這一條。」

鮑西亞說：「借據上寫的是一磅肉，並沒有寫說要給你任何一滴血。也就是說，割一磅肉時不能出一滴血。夏洛克，你就準備割肉吧，但是當心別讓他滴出一滴血來。還有，你割的肉不能超過一磅，也不能少於一磅。要是你割的肉比一磅多一點或少一點，就得按威尼斯的法律，判你死罪，財產充公。」

要做到割一磅肉而不流一滴血，而且要不多不少，任誰也辦不到。

鮑西亞並未與夏洛克正面抗衡，而是憑著過人的膽識，冷靜的邏輯思考，解救了安東尼奧。

不要幫助敵人消滅自己

就算到了最危急的時候，仍不應該喪失信心，而要拼盡全力謀求轉危而安的機會。如果這個時候，你感到絕望或自暴自棄，就無異於聯合敵人消滅自己。

爲求生命存續是生物的本能。野獸即使被困，仍會不斷掙扎，以求最後生機，人也一樣，就算到了最危急的時候，仍不應該喪失信心，而要拼盡全力謀求轉危而安的機會。

如果這個時候，你感到絕望或自暴自棄，就無異於聯合敵人消滅自己。

春秋時期，晉國發兵去救援被楚國攻打的鄭國，可是軍隊晚到了一步，鄭國就已投降了楚軍。

這時，晉軍主帥荀林父主張退兵，可是副帥卻反對，最後由於兩人意見不一致，導致軍心渙散，晉軍因而被楚軍打得大敗。

晉景公得到這一消息，大為氣憤。

晉軍將領回國後，晉景公立即叫人把戰敗的一幹將領帶上殿來大聲斥責，追究責任。

那些將領見國君大發雷霆，都跪在一旁，不敢出聲。

過了一會，荀林父認為自己是主帥，對這次大敗應負責任，就向前跪步說：「末將罪該萬死，現請求一死。」

晉景公盛怒之下，拂袖示意衛兵上前捆綁荀林父。這時，大夫士貞子連忙阻止，不慌不忙地對晉景公說了一段往事。

「三十多年前，先王文公在對楚國的城濮之戰中大獲全勝，晉國舉國歡騰，但是，文公卻面無喜色，左右感到很奇怪，就問文公說：『既然擊敗了強敵，為何反而愁悶？』

文公說：『這次戰鬥，由於我們採取了正確的戰略原則，擊破了楚軍的左、右翼，中軍主帥子玉就完全陷入被動，無法挽回敗局，只得收兵。但楚軍雖敗，主帥子玉尚在，哪裡可以鬆口氣啊！困獸猶鬥，更何況子玉是一國的宰相呢？我們又有什麼可高興的，他早晚會回來報仇的！』

直到後來楚王殺了子玉，文公才喜形於色。這是因為楚王殺子玉，等於是幫了我們晉國的大忙。如果說楚國被先王打敗是一次失敗，那麼，楚王殺掉子玉就無異於是再次失敗。現在您要殺掉荀林父……」

晉景公聽了士貞子的這番話，終於恍然大悟，笑著說：「大夫別說了，我懂了，如果我殺了荀林父，豈不是幫了楚國的大忙？這樣一來，我們不是也將一敗再敗了嗎？」

於是，晉景公當場就赦免了荀林父等將帥的罪，命令他們將功折罪，謹記此次敗仗的教訓。

故事中，士貞子以晉文公城濮之役為例向晉景公建言，說明只要對手仍有一線生機，就不可以輕忽大意，一旦對方養精蓄銳，重整旗鼓，捲土重來，孰勝孰敗，仍未有定論。

相對的，晉軍雖然一時失敗，但只要記取教訓，就有反敗爲勝的機會，若是因爲一時氣憤而殺掉敗軍之將，就等於是再次失敗。晉景公聽了這番話深明大局，終於赦免荀林父的死罪，給他一次將功折罪的機會。

在瞬息萬變的競爭中，身爲一個領導者，無可避免地必須面對比過去更劇烈的環境變遷，以及競爭對手的無情挑戰，因此更必須懂得運用本身的智慧，將努力用在最有效益的地方，千萬別幹出幫助敵人消滅自己的蠢事。

如何表現自己最有利？

表現自己時過於露骨，張口閉口不離自己如何好、別人如何壞，或是自己如何精明能幹，如何技高一籌，很容易引起別人的反感。

在社會上，我們經常可以聽到這樣的議論：「這個人光會耍嘴皮，沒有眞才實學，才做芝麻大那麼一點事，就要四處張揚。」

或者，有領導者勸誡部下：「要踏實些，少說多做。衆人的眼睛是雪亮的，不要怕大家不知道。」

如果，有人用了這些話來評價你，那就是說，你在表現自己方面打了一個大敗仗，而且是輸得一團糟。

因爲，善於表現自己的人，往往能做到在不知不覺之中展露才華，並且讓人產生好感。

有的幹部一有空就找上司閒談，當然是什麼都談，談工作也談私事，如此一來，就能把自己想要說的東西「夾帶」在裡面兜售出去了。

爲了表現自己，讓上司知道自己爲公司付出了些什麼，不必過度強調自己的付出，你可以盡力抬高你的同事，因爲你把他抬高，也就等於抬高了自己。

而且，你不必吹噓自己，只說你的同事或助手如何優秀，反而更能讓領導對你增添好感，讓他認爲你是個謙虛而沒有嫉妒心的人，更是個有親和力的可靠員工。

相反的，有一種人則不會表現自己，或者表現自己時過於露骨，張口閉口不離自己如何好、別人如何壞，或是自己如何精明能幹，如何技高一籌。

這種表露方式很容易引起別人的反感，也許當你拼了命地吹噓自己時，上司也早已在心裡暗罵：「小子，還嫩了點，你尾巴一翹，我就知道你要幹什麼了。」

相對的，如果是另外一個人講你的好話，效果就遠遠比自己講要強得多。

這裡有一則寓言故事可供我們參酌。

猴子和貓在森林裡一同遊玩，可是到了晚上牠們又凍又餓。這時，牠們發現有個獵人燒了一堆篝火，而且火裡面還有香噴噴的栗子。

猴子很想吃，但是又沒有辦法將栗子從火堆中取出來。於是，牠心生一計，拼命地吹捧貓如何聰明能幹，而且是世界上最仁慈的動物。

不久，猴子見貓被捧得如騰雲駕霧，便叫貓用爪子將火堆中的栗子刨出來，與自己一齊分享。

貓順著猴子的吩咐去做，每當牠辛苦地掏一個，猴子便吃一個。儘管貓的爪子被火燒得痛疼難忍，然而卻仍然聽著猴子的命令，繼續往火堆中掏栗子。

這個故事要告訴我們，自己做不了的事情，可以考慮讓別人來做。如果你急於想讓上司或領導者瞭解你，並對你投以關注的眼神，不妨讓一個與你關係最密切的人去替你說說，只要處理得好的話，即使只有一句話也能解決大問題。

不過，想採取這種方式必須謹記兩點。

一是，你找的人必須是知心朋友，必須忠實地執行你的意圖，並達到你所想要達到的目的。

如果你物色的人並不知心朋友，或者心中還有點「花花腸子」，那麼你就很可能會栽在他手裡。

儘管他會按你的說法去吹捧你，心中卻可能暗藏殺機，很容易讓你的上司知道這完全是出於你的指使，而且不留任何痕跡，這樣一來不啻是「聰明反被聰明誤」，讓上司對你產生極度反感，認爲你只不過是一個小人而已。

二是，必須點到爲止，不可吹捧得太過火，因爲你的上司畢竟比你多了些經歷，過於暴露的時候，他仍然會發現其中的玄機。

總之，採用類似的方法，成功的關鍵在於一個「巧」字，欲使用這個方法仍然要非常謹慎。

設法和上司做朋友

不想看見上司可怕的臉孔，擔心被他們的情緒所掌管，那麼學著將心比心，讀懂他們的心理與希望，你自然能輕輕鬆鬆地享受成功的滋味。

只要我們掌握了人們希望受尊重、渴望被理解的心理，我們便掌握了一條成功交流的方法和途徑，升遷之時也能少走幾條彎道。

如果有誰說，上司與下屬之間的關係，是沒有功利或現實利益的因素在裡面，那麼他恐怕太不懂得生存之道；但是，如果說這其實是一種利用和被利用的勢利關係，卻又言過其實。

在這個問題上任何片面的認知和偏執，都會帶給我們不利後果，甚至讓我們在人事關係上碰得滿頭包啊！

在處理這種從屬關係，我們不僅要有理智，更要盡力地處理得圓滑些，並且讓事情能更「人性化」一點。

有一種人，總是非不得已才肯與主管打交道，平時即使是點個頭打招呼，也不願多做。但是，一發生事情，就慌慌張張地四處求助，直到求助無門，亂了方寸，才硬著頭皮找主管出來當「靠山」。

這樣前倨後恭的方式當然很不得體，而且效果往往很不理想。

許多人提出請求，總是表現出自己迫不得已的情況，那不僅很現實，更會讓人有種被利用的感覺。

有人花錢破財，有人哭喪著臉向上司求助，好心一點的上司，也許會心軟幫助他們，但是如果碰到一個剛強的人，那恐怕得吃閉門羹了。

所以，爲什麼不把「平日燒香」的工作做在前面，卻要老是「臨時抱佛腳」呢？

其實，平時沒事的時候，不妨和你的上司做朋友吧！

有事沒事找他喝喝茶、談談心，在這種情況下，你並不是要去求他辦什麼事，對你來說只是個「平時燒香拜佛」的小舉動，而上司也不有會被利用的感覺，很容易便能接受你了。

一旦你有事需要他的幫忙，就像朋友般尋找友人援助，他自然會對你提的要求感到難以推卻，而儘量想辦法幫忙解決。

總之，不要讓人有被利用的感覺，要讓他們認爲自己是在幫朋友解難分憂，那麼你不僅賺到一個朋友，在成功的道路上也多了一個重要的助力。

此外，主管也是人，也是人群之間普通的一個人，表面上他們高高在上，不過，有位心理學家也曾提醒我們：「越是表現得盛氣凌人，他的內心深處越有難言之隱，那些不可一世的人，其實上帝一開始便讓他們成為一個弱者。」

設身處地想一想身邊的主管，他們是不是難逃這位心理學家所做的斷言？

雖然他們身處高位，每天接受下屬對他的恭敬，但越是如此，他就越是明白，他只能憑靠頭銜和職位才會被人尊敬，萬一被一陣大風吹走了烏紗帽，他將會變得一文不值，甚至於成爲人們取笑的話題人物。

雖然是上司，但是他們心中的「不安全」的感覺經常會被突顯出來，甚至不斷放大，造成心理失衡。

於是，有人在無意間受這種意識和心理的驅使，對於握在手上的權力便會有不安全感，性情也就會變得窮兇極惡或濫用職權。

於是，有人貪贓枉法，卻大言不慚地辯解：「有權不用，過期作廢。」

其實，不妨試著和你的上司做個朋友，不想看見他們可怕的臉孔，擔心被他們的情緒所掌管，那麼學著將心比心，讀懂他們的心理與希望，你自然能輕輕鬆鬆地享受成功的滋味。

成為搶到蘋果的強者

高明的領導者，不僅在工作上為部下創造機會，同時還在工作時間外下功夫，抓住這些看似平常的機會，為自己出人頭地鋪道路。

我們生活的這個世界，一切都是有限的，權位有限，成名的機會有限，財富有限，甚至美麗的女性都是有限的。

比如一個蘋果放在那兒，它的大小是固定的，分吃的人數是固定的，有人多吃一口，就必然有人會少吃一口，甚至有人吃不到。

在現實生活中，往往是一個身強力壯的人把蘋果給搶走了，他吃不完可以扔掉，而其他人只有看著別人啃著香甜的蘋果，儘管垂涎欲滴也無可奈何。因而，要想成爲搶到蘋果的強者，就必須比別人多下一番功夫。

高明的領導者，不僅在工作上爲部下創造機會，同時還在工作時間外下功夫，設法拉攏部屬。

人生在世，除了工作事業外，免不了要吃喝玩樂，這在普通人看來似乎習以爲常，但有些人卻能抓住這些看似平常的機會，爲自己出人頭地鋪道路。

部下的興趣、嗜好一定要熟記於心，並且在適當的時候有所表示，如果對方是位足球迷，那就不妨邀他一齊觀看電視轉播，這麼一來，雙方共處的時間就至少有一個半小時，這樣的相處時間是値得的。

如果你的部下是位重視休閒的人，下了班邀他到郊外遊玩，或者乘著夕陽的餘暉到公園散步，這樣就會成爲瞭解他的最好途徑，也是聯絡感情的管道。

休假日、節慶日和部下的交遊往來，也是不可忽視的一環。

稱呼部下的名字，往往會有意外的效果。

如果是直喊「喂」、「你」，與指名道姓地稱「老李」、「小張」等這兩種叫法，對受者而言有很大差別。

能夠被上司稱讚一番，或稱名道姓，即使是奉承也會非常高興，稱呼部下的名字並不是什麼大不了的事情，最好還是養成這樣的習慣。

在走廊上碰到剛結婚或剛生小孩的部下時，可以輕輕拍其肩膀，笑著說「眞不錯」、「小孩好嗎」或其他的話。

也許第三者看起來會覺得有失威嚴，但當事人大多會顯得高興，至少不會覺得主管或上司不親切。

當然，這也要看對象和場合。

聽起來似乎都是細小的事，但不要忘記在這種狀態下，你可以得到意外的收穫。因爲，這類簡短寒暄將有助於拉進彼此間的關係。

有膽識，才能開創大業

一旦人身處絕境，就有可能將體內和意識中的潛能一下子釋放出來，產生奇蹟般的自衛能力，造成令人難以置信的神奇效果。

歐洲名將拿破崙曾經說：「如果你是一個不想當元帥的士兵，你就不是一個好士兵。」

這番話強調，一個不想當領導高手的幹部，絕不是一個好幹部，領導高手的重要指標，就是創建一番令人矚目的業績。

不過，領導高手絕不是自己封的，一個業績平平的幹部，不管從哪個角度來看就是一個無所作爲的幹部。

不同凡響的業績是當一個領導高手基本的條件，想要成爲領導高手或管理高手，就必須下定決心，擬定策略後大膽行動，就算不能驚天動地，也能充分展現作爲一個強人的精神風貌。

世上沒有從天而降的黃金，也沒有不勞而獲的榮譽，要成爲一個領導高手，不但要有雄才大略，而且還要有強大的動力，而這種強大的動力，往往是來自於一個領導者的危機意識。

危機，是指客觀存在的，對我們的現狀或生存構成威脅的事物和狀況。

那麼，當一切平穩順利、沒有客觀存在的危機的時候，我們賴以前進的動力就隨著消失了嗎？

當然不是，領導者要強調「危機意識」的重要性。它包括兩層要點：

第一層，在客觀的危機消失或暫時沒有出現的時候，仍然要保持「臨戰狀態」，絲毫不能鬆懈。

第二層，要隨時準備應對即將出現和突然出現的危急因素，要盡最大努力使現存的各種因素（主觀的和客觀的）向著有利於自己的那一方面轉化，防止它們朝向有害於自己的方面走去。

這兩層要點是不可分割的，任何只強調一面而忽略另一面的做法，都將給領導者的事業和人生帶來消極的影響和後果。

秦朝末年，項羽率軍追擊秦軍主力部隊，他抓住時機，決定在黃河以北的河套平原一帶與秦軍一決雌雄。

當時的情況是，秦軍在人數和戰鬥力上遠遠超過項羽的部隊，這是一場攸關生死存亡的戰爭，交戰時候驚天地而泣鬼神的場面可想而知。

面對殘酷的現實，項羽沒有退縮，為了顯示他必勝的信念，同時也為了讓部屬們明白此戰的重要性，他率軍渡過黃河之後，即下令毀掉回程渡河所需的船隻，拋棄所有裝備，只帶有限的餘糧前去迎敵。

大家心裡都非常明白，此次戰役不僅關係到整個軍隊的命運和前途，也關係到自己的生死存亡。

如果勝利，便意味著秦王朝將壽終正寢，一個新的時代和紀元就將來臨。但是如果失敗了，那麼這個軍隊也將蕩然無存，個人也絕無生存的可能，因為秦軍的元帥是一個異常殘暴的將領，對付戰敗的敵人和俘虜就是一律處斬。

當時，大家對秦國與趙國的長平之戰記憶猶深，當時秦國東擴，欲兼併趙國，趙國軍隊雖然殊死抵抗，但由於實力懸殊，終於戰敗，秦國俘獲趙國士兵四十萬，秦始皇下令將此四十萬人全部活埋。

所以，項羽部隊的將士們非常清楚自己的處境，戰敗就意味著死亡。

到達戰場，奇蹟終於誕生了，項羽的將士奮勇向前，以一當十，同仇敵愾，一舉在鉅鹿將秦朝的主力軍隊殲滅，使彼此的力量發生具有歷史性意義的變化，攻下秦國首都咸陽只不過是時間的問題。

任何公正的歷史學家都會承認，此役對於推翻秦王朝立下大功，儘管最後坐皇位的不是楚霸王項羽，而是劉邦。

有一天，漢朝名將李廣單獨走在深山密林中，突然，前方樹枝一動，他立即意識到是老虎將攻擊他，他的精神繃得緊緊的，飛快取出利箭，往那個樹枝晃動的地方射去，他料定這隻老虎必死無疑。

等沒有了動靜，他走上前去一看，才發現那裡根本就沒有什麼老虎，只不過是一陣微風吹動了樹枝而已。

再看那枝箭，卻是筆直地射進了石頭裡面！

後來，他回到家之後，練箭的時候，總想將箭頭射到石頭裡面去，可是，無論他怎樣努力，都無濟於事，他再也沒有辦法將箭射到石頭中去了。

這兩個故事說明，一旦人身處絕境，就有可能將體內和意識中的潛能一下子釋放出來，產生奇蹟般的自衛能力，造成令人難以置信的神奇效果。

要赴鴻門宴，必須有安全脫身的盤算

聰明的人行事之前都會詳加盤算，為自己預留退路，一旦情勢危急才能全身而退，不至於滿盤皆輸。

劉邦率軍攻佔秦朝都城咸陽後，派兵駐守函谷關。

不久，項羽率大軍來到了函谷關。他聽說劉邦已經攻下咸陽，非常生氣，進關之後便把軍隊駐紮在鴻門，準備與劉邦一決雌雄。當時，項羽的軍隊有四十萬人，而劉邦的軍隊只有十萬人，形勢對劉邦非常不利。

項羽的叔父項梁，是劉邦的重要謀士張良的朋友，他怕張良跟著劉邦送死，連夜跑去勸他逃走，於是張良就陪項梁去見劉邦。經過張良和劉邦的解釋，項梁答應從中調停，並叫劉邦第二天親自到鴻門去向項羽謝罪。

第二天，劉邦帶了一百多名隨從前去拜會項羽，終於取得了項羽的諒解。

當天，項羽留劉邦一起喝酒，席間，項羽的謀士范增命項羽的堂弟項莊以舞劍助酒與的名義伺機刺殺劉邦。但是，項莊舞劍之時，項梁也即刻拔劍起舞，暗中以身體掩護劉邦。

張良見形勢不妙，便到營門外面找與劉邦同來的將領樊噲，通報了席上的情景。樊噲立刻一手握劍，一手拿盾牌護身，衝進營門，拉開軍帳的帷幕，睜大雙眼看著項羽，惱怒得頭髮上豎，連眼眶也彷彿要裂開。

項羽見了樊噲，連忙按著劍，問道：「這個人是在做什麼呀？」

張良回答說：「這是沛公的參乘樊噲。」

項羽這才放下劍把，說：「好一位壯士！賞他一杯酒喝！」

在旁侍候的人聽了，馬上給他一大杯酒。樊噲拜謝後，接過酒來一口喝乾。項羽又說：「賞他一隻豬肘。」在旁侍候的人立刻給樊噲一隻生的豬肘。

樊噲先把盾牌放在地上，再把豬肘放在盾牌上，拔出劍，一塊一塊地切下來吃。項羽看了，讚道：「真是壯士！還能喝酒嗎？」

樊噲忿忿不平地說道：「我連死也不怕，區區一杯酒算得了什麼！我還有幾句話要奉勸大王。從前，秦王殘暴得像虎狼一樣，殺人惟恐不多，處罰人惟恐不重，因此天下的人都反對他。楚懷王曾跟起義的將領約定說：『誰先攻破秦軍進入咸陽的，就當秦王。』現在沛公先攻破秦軍進入咸陽，城裡的東西一絲一毫也不敢動，等待大王到來。他派遣將士守住函谷關，原來是防備其他的隊伍進出，怕發生意外。沛公這樣勞苦功高，不但沒有得到封侯的賞賜，大王反而聽信小人的話，要想誅殺有功的人，這是在繼續走秦朝敗亡的道路。我認為，大王不應該這樣做啊！」

項羽無話可答，只說了聲「坐吧」。於是，樊噲就在張良旁邊坐下。坐了一會兒，劉邦藉口離席，趁機叫樊噲一起出去，決定不辭而別。他叫張良留下，向項羽辭謝，並把隨身帶來白璧和玉斗交給張良，由他代為送給項羽和范增。

張良估計劉邦等已經回到軍營，才重新入席，告訴項羽劉邦已回軍營去，並向項羽送上白璧，向范增送上玉斗。范增知道計謀未能如願，接過玉斗後，憤怒地隨手摔在地上，拔出劍來將它砸得粉碎。

聰明的人行事之前都會詳加盤算，為自己預留退路，一旦情勢危急才能全身而退，不至於滿盤皆輸。

劉邦得良才相助，因此鴻門一宴早有準備，明知項羽、范增有意取他性命，仍勇敢赴會，再由張良、樊噲巧計脫身。

范增見借舞劍刺殺劉邦的計謀被識破，讓劉邦得以脫逃回到漢軍陣營，憤怒得將張良代為送上的玉斗砸個粉碎，因為他明白，此計一旦失敗，他日劉邦定有防備，且會伺機復仇，而項羽一統天下的霸業也將受到阻撓，難以成就。

果其不然，劉邦聲勢日益壯大，項羽終於兵敗垓下，自刎烏江畔。

智謀經典

57

孫子兵法厚黑筆記：人性試煉篇

作　　者　王　照
社　　長　陳維都
藝術總監　黃聖文
編輯總監　王郡凌
出 版 者　普天出版家族有限公司
新北市汐止區忠二街 6 巷 15 號
TEL / (02) 26435033 (代表號)
FAX / (02) 26486465
E-mail：asia.books@msa.hinet.net
http://www.popu.com.tw/
郵政劃撥 19091443 陳維都帳戶
總 經 銷　旭昇圖書有限公司
新北市中和區中山路二段 352 號 2F
TEL / (02) 22451480 (代表號)
FAX / (02) 22451479
E-mail：s1686688@ms31.hinet.net
法律顧問　西華律師事務所・黃憲男律師
電腦排版　巨新電腦排版有限公司
印製裝訂　久裕印刷事業有限公司
出 版 日　2022 (民 111) 年 10 月第 1 版
ISBN◉978-986-389-842-9　　條碼 9789863898429

國家圖書館出版品預行編目資料

孫子兵法厚黑筆記：人性試煉篇／
王照著.—第 1 版.—：新北市,普天出版
民 111.10 面；公分. - (智謀經典；57)
ISBN◉978-986-389-842-9 (平裝)